Brigitte Barz

Feiern der Jahresfeste

Feiern der Jahresfeste mit Kindern

Für Eltern dargestellt
von Brigitte Barz

Urachhaus

Im Gedenken an Michaela (1973–1981)

Die Deutsche Bibliothek – CIP-Einheitsaufnahme

Feiern der Jahresfeste mit Kindern : für Eltern dargest./
von Brigitte Barz. – 6., erw. Aufl.
Stuttgart : Urachhaus 1996.
ISBN 3-87838-396-7

ISBN 3 87838 396 7

6. erweiterte Auflage 1996

© 1984 Verlag Urachhaus GmbH Stuttgart.
Satz und Druck der Offizin Chr. Scheufele, Stuttgart.
Umschlagfoto: Gemälde eines Oberrheinischen Meisters um 1410
»Paradiesgärtlein«, Städelsches Kunstinstitut Frankfurt.
Foto: J. Hinrichs, Planegg.

Inhalt

Einleitung

Die Feste sind Knotenpunkte des Jahres,
die uns verknüpfen mit dem Geiste des Alls.[1]

RUDOLF STEINER

Das Feiern der christlichen Feste gehört zur religiösen Kindererziehung hinzu. Ja, sie sind sogar ein unverzichtbarer Bestandteil derselben, für die Kinder wichtigste Seelennahrung. Da aber viele Inhalte der christlichen Feste nicht unmittelbar an das Kind herangebracht werden können und sollen, ist das Pflegen von bestimmten Gebräuchen, das Miteinbeziehen von Bildern und Symbolen um so wichtiger. Aber jeder Brauch und jedes Symbol müssen so echt wie möglich sein, das heißt, sie müssen wirklich etwas von dem Wesen des bestimmten Festes ausdrücken können. Im Verlauf der Jahrhunderte haben sich unzählige Bräuche unterschiedlichster Qualität entwickelt. Einige von ihnen sind hier aufgegriffen, und neue wurden hinzugefügt. Es sollte aber nichts rezeptmäßig übernommen werden, sondern bei allem, was bis ins Symbol, bis in Brauch und Handhabung geht, muß die Frage gestellt werden nach dem »goldenen Hintergrund«, der echten Begründung. Das ist ein wichtiges Anliegen dieses Buches. Es kommt auch nicht auf die Fülle der Möglichkeiten für die Festgestaltung an, sondern vor allen Dingen darauf, daß die Eltern alles, was sie tun und die Kinder tun lassen, mit echter Anteilnahme begleiten. Das eigene Bemühen, immer wieder neu einzutauchen in den Sinn des Festes, ihn in sich zu beleben, bildet ebenfalls an dem goldenen Boden der Wahrhaftigkeit, mit dem wir so etwas für die Kinder tun dürfen.

Wenn es uns gelingt, an den Knotenpunkten des Jahres, an den christlichen Festen, die Herzen der Kinder zu erwärmen und zu erheben, werden sie segnend berührt werden von Dem, dessen Hereinwirken in die Gegenwart wir in diesen Festen feiern.

Diese Einleitung soll nicht abgeschlossen werden, ohne zu danken: allen denen, auf deren Arbeiten ich mich beziehen durfte, und den Eltern, die zum Teil seit Jahren diese Anregungen aufgegriffen und sie erprobend in die Tat umgesetzt haben; das war mir eine große Hilfe.

Grundelemente der Festgestaltung

Einige Elemente der Festgestaltung haben in jeder Festeszeit ihren festen Platz. Nur das »Kleid«, in dem sie
erscheinen, wird sich jeweils ändern, von dem Fest ge-
prägt werden. Diese Grundelemente seien hier kurz
aufgeführt und erläutert.

Der Tisch

Dem empfehlenswerten Büchlein von F. Lenz: »Mit
Kindern Feste feiern«[2] ist die Idee des Festeszeitenti-
sches (dort Jahreszeitenkommode genannt) entnom-
men. Ein kleiner Tisch, eine Kommode, eine Truhe,
auch eine Kiste oder ein speziell dafür angebrachtes
breiteres Brett sind als Festestisch geeignet. Es ist gut,
wenn er einen festen Platz in der Wohnung haben kann.
In das häusliche Spiel der Kinder sollte er *nicht* mit einbezogen werden. In den Zeiten, die keinem besonderen
Fest gewidmet sind, dient er dem Miterleben mit der
Natur. Blumen, von Kindern Gefundenes und Geba-
steltes haben dann dort ihren Ehrenplatz.

Das Tuch

Auf diesem Tisch liegt günstigerweise eine Decke, ein
Tuch, dessen Farben wechseln können. Ein grünes
Tuch ist immer besonders gut geeignet.

Das Bild

Zu jeder Festeszeit gehört ein eigenes Bild. Es sollte inhaltlich im unmittelbaren Bezug zu dem jeweiligen Fest stehen. Es wird Freude bereiten, aus der Fülle der alten oder auch neuen Kunst die geeignete Darstellung zu wählen. Besonders fündig wird man bei Kunstkalenderblättern werden. Bis man das gefunden hat, was einem am meisten zusagt, tut es auch eine Kunstpostkarte, die auf einen farbigen Karton oder ein Tuch geheftet wird. Bestimmte Farbvorschläge dazu finden sich im Text. Wenn der Festeszeitentisch an der Wand stehen kann, hängt das Bild am besten darüber.

Die Natur

Jede Festeszeit steht in einem ganz bestimmten Verhältnis zum Jahreslauf der Natur. Die Natur sollte deshalb immer durch einen der Jahreszeit entsprechenden Strauß mit einbezogen sein. Bei einigen Festen, zum Beispiel an Johanni, stehen die Blumen sogar im Zentrum der symbolischen Aussage. Wenige Blumen oder Zweige, liebevoll in eine schöne Vase geordnet, sind oft sinnvoller als ein üppiger Strauß.

Die Kerze

Zu jeder kleinen häuslichen Feier sollte auch ein Licht angezündet werden. Die brennende Kerze kann ein äußeres Zeichen für das innere Licht- und Wärmeerlebnis sein, welches in diesem festlichen Augenblick angeregt werden möchte. Eine Kerze hat auf dem Festestisch also ihren festen Platz. Bei manchen Festen steht das Lichterlebnis im Vordergrund (zum Beispiel Advent, Weihnachten, Epiphanias, Pfingsten) und wird dann besonders beschrieben.

Gedichte – Lieder

Passende Lieder, Gedichte und Sprüche[3] gibt es für jede Festeszeit. Auch hier wird man, geleitet von eigenen Empfindungen, Zugängen und Einsichten, wählen können. Kleine Kinder hören einfach zu, wenn etwas für oder von den älteren Geschwistern oder Erwachsenen gesprochen wird. Allmählich stellt sich bei geeigneten Inhalten oder Liedern auch die Freude am Mitsprechen oder -singen ein. Schulkinder werden vielleicht manches Gelernte der Feier hinzufügen können. Grundsätzlich macht es aber auch hier nicht die Fülle. Weniger kann »mehr« sein. – Wo Hausmusik gepflegt wird, liegt in ihr natürlich die Quelle hervorragender Bereicherung für jede Festgestaltung. So kann ein Fest auch ein anspornendes »Übungsziel« sein!

Die Festesgeschichte

Fast alle hier besprochenen Feste haben natürlich ihr bestimmtes *Evangelium*. Kinder, die noch nicht in die Schule gehen, können zuhören, wenn den älteren Geschwistern vorgelesen wird oder die Eltern sich das Evangelium gegenseitig vorlesen. Wenn eine Lesung aus dem Evangelium stattfinden soll, muß sie sehr gut vorbereitet werden.

Unter den *Märchen,* besonders denen der Gebrüder Grimm, wird man für die Festeszeiten viele geeignete Geschichten finden. Manche sind nicht eindeutig auf eine bestimmte Zeit festlegbar. Aber mit wachsendem Verständnis für den Sinngehalt der Feste und die Märchen selber wird sich auch die Sicherheit für die Wahl einstellen, welches in Frage kommt. Dabei ist wichtig, daß der Erzähler den Impuls, der zur Wahl geführt hat, innerlich lebendig vor sich hat. Einige Anregungen zur Wahl sind in diesem Buch enthalten.

Legenden sind im allgemeinen erst ab dem zweiten Schuljahr geeignet. – Eine schöne Sammlung von Geschichten zu den Jahresfesten für 6–9jährige Kinder enthält das Buch: »Geschichten zu den Jahresfesten« von I. Johanson.[4]

Auch in der sonstigen Literatur gibt es manch geeigneten Stoff, besonders dann für die älteren Kinder.

Ob man die Festesgeschichte am Morgen oder Abend erzählt oder liest, wird zum einen von dem Fest selber, zum anderen von der jeweiligen Familiensituation abhängen.

Advent

Advent heißt: Ankunft. Der Name kommt von dem lateinischen Wort: advenire – ankommen. Die Adventszeit ist die Zeit der Vorbereitung und für die Kinder insbesondere die Zeit der Vorfreude auf die Erfüllung, die mit dem Weihnachtsfest kommen möchte.

In zwei Richtungen gehen in der Adventszeit unsere dankbaren Gedanken und Empfindungen. Der Blick in die Vergangenheit erinnert an den Weltadvent, an die große Weltenhoffnung auf die Ankunft des Erlösers. In allen großen vorchristlichen Religionen hat man auf einen Erlöser gewartet. Und die Zeugnisse, die uns aus dieser Zeit noch erhalten sind, ergeben ein wunderbares, sich ergänzendes Bild, eine prophetische Vorschau auf das Christuswirken. Am deutlichsten lebte natürlich die Erlösererwartung im israelitischen Volk. Sie ist aufgezeichnet in seinem Buch, dem Alten Testament. Wir haben allen Grund, uns mit tiefer Dankbarkeit dieses Weltenadventes und seiner Erfüllung zu erinnern. – Aber auch in die andere Richtung sollten wir unseren Blick lenken: Advent ist immer auch ein Gegenwarts- und Zukunftsfest. Bevor sich das Erdenleben des Christus Jesus auf Golgatha vollendete, gab er seinen Jüngern die Verheißung seiner Wiederkunft. Man findet die entsprechenden Stellen im Evangelium (Matthäus, Kap. 24; Markus, Kap. 13; Lukas, Kap. 21; außerdem in verschiedenen Briefstellen). Nicht mehr in einem irdischen Leib wird der Christus den Menschen nahekommen. Emil Bock formulierte es einmal folgendermaßen: »Einmal kam er im *Sein*. Das war das Weihnachtsereignis vor 2000 Jahren. Dann aber wird er kommen im *Bewußtsein*, das ist das Weihnachtsereignis, das unserem Zeitalter zugedacht ist.«

Jedes Jahr ist die Adventszeit, die früher auch als ernste Fastenzeit gefeiert wurde, ein Ansporn an unser innerliches Üben und Tun, um der Wiederkunft entgegenzuwachsen. (Das griechische Wort »Parusia«, das im allgemeinen mit »Wiederkunft« übersetzt wird, heißt ebenso auch: Dabeisein, Gegenwart, Anwesenheit.) Christus ist immer da! Der letzte Satz im Matthäus-Evangelium lautet: »Siehe, ich bin bei euch alle Tage bis zur Vollendung des Zeitenkreises.« So verstanden, weist uns die Wiederkunft darauf hin, daß es unterschiedliche Grade der Erfahrung für diese Nähe gibt.

Über der Adventszeit steht ein Wort, das heranklingen möchte an jede Menschenseele: Das Wort »werde«. Zu diesem Wort fügt sich ein Bild hinzu. Maria, die auf die Weihnachtsgeburt zuschreitet. »Siehe des Herrn Magd, mir werde, wie du gesagt hast« (Lukas 1,38). Maria ist nicht nur eine historische Gestalt, sondern zugleich ein Urbild der menschlichen Seele, die bereit ist zu »werden«, dem, was in ihr geboren werden möchte, entgegenzuwachsen. Schon in den Farben ihrer Gewänder drückt sich das aus: das umhüllende Blau und das von innen hervorleuchtende warme Rot.

»Ich muß Maria sein und Gott aus mir gebären,
soll er mich ewiglich der Seligkeit gewähren.«

Angelus Silesius

Die innere Ruhe und Stille, die für jegliches innere
Werden die Grundbedingung ist, wird gerade in der Adventszeit hart umkämpft und muß oft mit großer Bewußtheit hergestellt werden.

Für das festliche Begehen der Adventszeit bietet sich
eine solche Fülle von Sitten und Gebräuchen an, daß
man bewußt wählen muß, was aufgegriffen werden soll.
Es ist deutlich die Gefahr spürbar, daß diese Zeit ihren
auf Weihnachten vorbereitenden Charakter verliert und
selber schon Erfüllung ist. Die Kinder sind an Weihnachten oft schon »satt«. Der heilige Abend ist manchmal ein nur noch mit letzter Kraft erreichter Höhepunkt, dem dann eine Erschöpfung folgt, die das Feiern
der zwölf Weihnachtstage schwer macht.

Aus der Fülle der Anregungen für die Gestaltung der
Adventszeit könnten besonders die in Betracht kommen, die symbolhaft etwas »Werdendes« enthalten, eine sich steigernde Fülle, ohne schon Erfüllung zu sein.

Der Festeszeitentisch

Die besondere Farbe des Advents ist das Blau. Wie der
Mantel der Maria, wie die Dämmerungsbläue am Morgen und Abend. So bietet sich eine blaue Stoffbahn als
Hintergrund des Tisches an. Eine schöne Darstellung
der Verkündigung des Erzengels Gabriel an Maria und

der Adventskranz sind zunächst einmal die Grundbestandteile des Festschmuckes.

Der Adventskranz

Obwohl Kranz und Kreis uralte Symbole sind, ist die Entstehung des Adventskranzes jüngeren Datums. Es ist ein Brauch vom Ende des 19.Jahrhunderts, der sich schnell verbreitet hat und wohl aus dem »Rauhen Haus« stammt, einem Haus zur Betreuung und Erziehung von Jugendlichen in der Nähe von Hamburg. Wahrscheinlich war er damals noch mit 24 Kerzen versehen, für jeden Tag im Dezember eine. Aber diese Sitte – sie erfordert einen großen Kranz – hat sich schnell auf vier Kerzen reduziert. An jedem der vier Adventssonntage sollte eine Kerze mehr angezündet werden. Dadurch erlebt das Kind eine sich steigernde Lichtfülle auf Weihnachten zu, während das Sonnenlicht gleichzeitig abnimmt. Beim Winden des Kranzes in der nach frischem Tannengrün duftenden Stube zuschauen und allmählich kleine Handreichungen machen zu dürfen, gehört zu den oft unvergessenen Kindheitserlebnissen. Eine rechte samstägliche Einstimmung auf den ersten Adventssonntag.

Die Adventsfeier

Eine großartige Möglichkeit, das Feiern der christlichen Feste auch daheim wieder einzuüben, ist die Adventsfeier. Wenn dann aus der einen Augenblick lang erlebten Stille und Dunkelheit das Licht angezündet wird und vielleicht die schönen zarten Töne einer Kantele, Leier oder eines anderen Instrumentes oder des angesummten Adventsliedes den Raum erfüllen und dies übergeht in ein gemeinsam gesungenes Lied, dann ist schnell eine erwartungsvoll-frohe Stimmung geweckt. Vor Kindern, die schon zuhören können, wird man das Adventsevangelium nach Lukas 1, 26–38 lesen. Singen, das Sprechen eines Gedichtes oder gemeinsames Musizieren kann dann den Abschluß der kleinen Feier bilden und überleiten in eine besinnliche Stunde, in der für ältere Kinder die Offenheit für ein gutes Gespräch vorgebildet ist. Eine Schale mit Obst und Nüssen wird sehr willkommen sein. Das Weihnachtsgebäck sollte aus den schon angedeuteten Gründen, auch wenn es mit den Kindern gemeinsam gebakken wurde, den Weihnachtstagen vorbehalten bleiben. Das Erüben eines Verzichtes ist eine wichtige adventliche Leistung!

Die kleinen Kinder bringen eine erstaunliche Bereitschaft und Fähigkeit mit, ganz schnell in eine Advents- und Weihnachtsstimmung hineinzukommen. Viele Eltern tauchen in die Stimmung ihrer Kinder ein und lassen sich so sehr von ihr tragen, daß daraus der traurige und bedauerliche Ausspruch geworden ist: »Advent und Weihnachten kann ich nur mit kleinen Kindern feiern.« Dem kann man aber nicht zustimmen. Es gehört freilich auch innere Bereitschaft und Aktivität dazu. Advent und Weihnachten sind in jedem Jahr neu zu greifen, damit sie gefeiert werden können.

Wenn die Kinder älter werden, fällt es ihnen nicht mehr so leicht, die kindliche Seligkeit der Adventsstimmung aufzubringen. Man wird dann gut daran tun, in die Feier allmählich mehr und mehr den gegenwärtigen Advent einzubeziehen. Die drei Gleichnisse, die im 25. Kapitel des Matthäus-Evangeliums stehen (die 10 Jungfrauen, die anvertrauten Talente, das Jüngste Gericht) sind auch Adventsevangelium. Sie sind eine Anregung des Christus, wie seine Wiederkunft vom Menschen aus vorzubereiten ist.[5] Die schöne Erzählung von L. Tolstoi: »Wo Liebe ist, da ist Gott«, greift Motive aus diesem Kapitel auf. Auch eine gemeinsame Betrachtung adventlicher Darstellungen aus der Malerei wird bei älteren Kindern oft auf Gegenliebe stoßen. Das freudige Entdecken der einzelnen Bild- und Symbolmotive führt leicht in ein kleines Gespräch.[6]

Es gibt in der Literatur für die Adventszeit gut geeignete Erzählungen, die dann, in Abschnitte eingeteilt, die Adventssonntage bereichern können. Jede Familie wird allmählich »ihre« Geschichte haben oder finden.

Die Vorweihnachtszeit ist durchwoben von Heimlichkeiten. Zu den schönsten Stunden gehören später in der Erinnerung aber solche, in denen man im Kreise der Familie miteinander etwas schöpferisch tat, um anderen eine Freude zu bereiten oder den Schmuck für das Weihnachtszimmer vorzubereiten. Anleitungen dafür gibt es in Fülle.[7]

Adventskalender

Mit den vielgestaltigen Adventskalendern – das oben erwähnte Werkbuch enthält eine reiche Auswahl – wird die Erwartung des kleinen Kindes, das ja kaum eine

Vorstellung hat von Zeit und Dauer, gesteigert und auch vom Zeitlichen her anschaulich gemacht. Die Erfüllung rückt Tag um Tag näher. Weihnachten *wird* allmählich!

Ein Adventskalender einfachster Art, der auch schon für ganz kleine Kinder geeignet ist, ist der Sternenteppich. An dem blauen Tuch über dem Festestisch hängt jeden Morgen ein Stern mehr. Stroh- oder Goldsterne sind besonders gut geeignet. An Weihnachten kann dann dieser Sternenteppich den Hintergrund für die Krippe bilden.

Wer die Maria in den Adventstagen durch das Krippengärtchen auf den Stall zuwandern lassen möchte, kann jeden Schritt, den sie täglich gemacht hat, mit einem kleinen Sternchen bezeichnen. Es bleibt dann hinter ihr als Weg eine Sternenspur.

Bei den »gefüllten« Adventskalendern ist große Sorgsamkeit geboten, damit in den täglichen Überraschungen nicht schon zuviel Erfüllung vorausgenommen wird. Es können leicht zu hohe Ansprüche, manchmal sogar etwas Gieriges im Kinde geweckt werden. Viel sinnvoller wäre es, die gefüllen Kalender den zwölf Weihnachtstagen vorzubehalten.

Das Schneefenster

Kinder haben ein herzliches Verhältnis zu den »Schneeflöckchen, Weißröckchen«! Wie froh wird der erste Schnee begrüßt, voller Hoffnung, er möge liegenbleiben. Der Schnee kommt von oben, »vom Himmel«, er kann in kurzer Zeit »die ganze Welt« durch seine weiße

Pracht verzaubern. Die Märchen unterstützen dieses seelenvolle Verhältnis zum Schnee (z. B. Frau Holle, Schneewittchen, Die drei Männlein im Walde).

Jede Schneeflocke ist ein sechsstrahliger Stern aus feinstem Kristallgeäst. In unendlicher Vielfalt offenbaren sich im Schnee die Formkräfte, jede Schneeflocke ist ein neues kleines Wunder. Wahrscheinlich ist es so, daß ein Schneekristall keinem anderen genau gleicht.

Für Kinder, die schon mit Zirkel und Schere umgehen können, eignet sich als ein Adventskalender besonderer Art das »Schneefenster«. Für selbstgemachte Schneeflocken braucht man: dünnes weißes Papier, weißes Nähgarn, weiße Klebepunkte, Zirkel und Schere. Die Herstellung ist ganz einfach. Aus dem Papier schneidet man Kreise (günstiger Radius: 3–3,5 cm). Der Kreis wird durch Falten halbiert und diese Hälfte wiederum durch Falten gedrittelt, so daß man schließlich den Kreis auf 1/6 seiner Größe zusammengefaltet hat. Nun werden an allen Seiten mit geraden Schnitten Muster eingeschnitten (kleine gebogene Linien passen nicht zum Schnee). Dann wird das Papier vorsichtig entfaltet, und ein kleiner »Schneestern« ist fertig! Er verträgt sogar ein Bügeln mit mäßig warmem Eisen. Mit Hilfe eines weißen Fädchens und eines Klebepunktes wird der Stern ans Fenster gehängt. Wenn jeden Tag in der Adventszeit ein Flöckchen dazukommt, wird bis Weihnachten ein wunderschönes Schneeflockenfenster entstanden sein.

Das Krippengärtchen

»Das ängstliche Harren der Kreatur wartet auf die Offenbarung der Söhne Gottes« (Römer 8, 19). Auch die
Naturreiche – Stein, Pflanze und Tier –, die durch den
Sündenfall des Menschen aus dem paradiesischen in
ein irdisch-materielles Dasein hineingebunden worden
sind, warten auf das Werden des Menschen, der Söhne,
der Kinder Gottes, um durch seine auch ihre Erlösung
zu finden. Wir haben immer genügend Grund zu tiefer
Dankbarkeit für das Opfer, das sie uns gebracht haben
und immerfort noch bringen. Das Gedicht von Christian Morgenstern: »Die Fußwaschung« bringt diese
Dankbarkeit zum Ausdruck.

Die Fußwaschung

Ich danke dir, du stummer Stein,
und neige mich zu dir hernieder:
Ich schulde dir mein Pflanzensein.

Ich danke euch, ihr Grund und Flor,
und bücke mich zu euch hernieder:
Ihr halft zum Tiere mir empor.

Ich danke euch, Stein, Kraut und Tier,
und beuge mich zu euch hernieder:
Ihr halft mir alle drei zu Mir.

Wir danken dir, du Menschenkind,
und lassen fromm uns vor dir nieder:
weil dadurch, daß du bist, wir sind.

Es dankt aus aller Gottheit Ein-
und aller Gottheit Vielfalt wieder.
In Dank verschlingt sich alles Sein.

Rudolf Frieling bringt die vier Naturreiche in Zusammenhang mit den vier Adventssonntagen:[8]

»...Da ist zunächst die Vierheit der Adventssonntage.
Vier ist die Zahl der Welt, in der wir normalerweise dar-
instehen, der Welt, wie sie bis heute geworden ist. Das
Reich der lastenden Steine, des toten Unorganischen
zuunterst, darauf baut sich auf das Reich des pflanzlich
Lebendigen, darüber wieder steht das Tierreich, und
schließlich wird das alles gekrönt vom Reich des Menschen, soweit er bis heute im Verlaufe der Weltenevolu-
tion in Erscheinung getreten ist. Das ist ›unsere‹
Welt...«

Dieser Gedanke kann Ausdruck finden in der Gestaltung eines Krippengärtchens, das durch die vier Sonntage jedesmal um ein Reich erweitert wird. – Ein grünes
Tuch bildet den Untergrund. Am ersten Sonntag werden große und kleine Steine und Kristalle darauf gelegt.
Die Kinder dürfen aus ihren »Schätzen« das Kostbarste
für die Krippe herbeibringen. Am zweiten Sonntag
folgt, was das Pflanzenreich bietet: Vom Moos, den Kie-
fernzapfen, über die getrockneten Blumen von Johanni
(siehe dort) bis zu kleinen Röschen ist alles willkommen
und fügt sich mit den Steinen zu einer Landschaft zusammen. In ihr findet am dritten Sonntag das Tierreich
seinen Platz. Von Schneckenhäuschen und Muschel,
vielleicht einem Stückchen Bienenwabe bis zu selbstge-
kneteten Tieren. Auch die Schäfchen der Hirten kön-

nen hier schon weiden. Am vierten Sonntag erscheinen dann die Hirten und bauen vielleicht miteinander den Stall als Höhle oder Haus. Ob das Krippengärtchen auf dem Festeszeitentisch noch Platz findet – die Kinder sollten es immer sehen können – oder ob es einen anderen Ort bekommt, das werden die Verhältnisse entscheiden müssen.

Eine andere Möglichkeit der Gestaltung des Krippengärtchens unter Einbeziehung der vier Reiche ist eine Anordnung in Stufen. Jede Stufe ist dann einem Reich zu eigen. Für kleinere Kinder wird sich die Landschaft empfehlen, für ältere die Stufen. Auch mancher Erwachsene wird die Naturreiche gerne in seine Adventsgestaltung aufnehmen, wenn auch ohne »Gärtchen«.

Die Barbara-Zweige

Der 4. Dezember ist der »Barbara-Tag«. Es ist der Todestag (4. 12. 306) der frühchristlichen Märtyrerin, die um ihres Glaubens willen von ihrem Vater in einen Turm – der auch ihr Symbol ist – eingesperrt und später sogar enthauptet wurde. An diesem Tag hat sich die Sitte eingebürgert, die »Barbara-Zweige« zu schneiden. Das Merkwürdige ist nun, daß es in keiner Legendenfassung einen Anhaltspunkt für einen derartigen Brauch gibt. Wir müssen also woanders suchen.

Eine alte Bauernweisheit setzte den Winterbeginn auf den 23. November. Zwölf Tage später, am 4. Dezember, ist für das unsichtbare Lebensgeschehen der Erde und Pflanzen ein »Wendetag« gekommen. Um die Gunst dieses Tages hat man früher schon einmal gewußt und sie genutzt, um 21 Tage später, am Weihnachtstag, blühende oder frisch grünende Zweige zu haben. Dieser Vorgang im Bereich des Lebendigen und der Gedenktag der Märtyrerin haben dann zu der Sitte der Barbara-Zweige geführt.

»...Und in gar mancher Seele entstand etwas von der Ahnung des niemals besiegbaren Lebens, jenes Lebens, das Sieger sein soll über allen Tod, wenn in der Christweihnacht die sorgfältig gesammelten Sprossen oder Zweige der Bäume in der Stube feierlich standen und künstlich in der Nacht des tiefsten Sonnenstandes zum Aufbrechen gebracht worden sind...«[9]

Als Barbara-Zweige eignen sich besonders: Kirsch-, Apfel-, Pflaumen-, Mandelzweige, Forsythie, Jasmin und Roßkastanie. Sie werden über Nacht in lauwarmes Wasser gelegt und dann in einem Krug mit Wasser in ein mäßig warmes Zimmer gestellt. Das Wasser sollte etwa alle drei Tage gewechselt werden. Gelegentlich werden die Zweige etwas angesprüht. Wenn dann die blühenden Zweige neben der Krippe stehen und die Kinder ihr Werden verfolgen konnten, ist das eine wunderbare »Weihnachtspredigt«.

Das Vorbereiten der Geschenke

Ob der »Weihnachtsmann« – eine symbolische Figur für den Vatergott – oder das »Christkind« die Geschenke an Weihnachten bringt, wird zu entscheiden sein.

(Die eine oder andere Gestalt allerdings »persönlich« in Erscheinung treten zu lassen, ist nicht anzuraten.) Den Hintergrund für diese Gepflogenheit bildet die Tatsache, daß die Liebe, mit der ein jedes Geschenk begleitet sein sollte, letztlich ein Abglanz derjenigen ist, die aus dem Wesen des Göttlichen hervorgeht und ein Ausdruck unserer Gottverbundenheit ist.

»Dadurch ist die Liebe Gottes sichtbar unter uns erschienen, daß Gott seinen einzig aus ihm geborenen Sohn in die Welt sandte, damit wir durch ihn das wahre Leben haben.

Gott ist Liebe und wer in der Liebe bleibet, der bleibt in Gott und Gott in ihm.«

(1. Johannes-Brief 4,9 und 16)

Ein Geschenk wird zum echten Weihnachtsgeschenk, wenn es in dem Beschenkten Freude, Wärme und Liebe auslöst, ihm also eine Hilfe ist, in die rechte Weihnachtsstimmung zu kommen. Daß dieses eher durch liebevolle, sorgfältig gewählte persönliche »Zeichen« – auch von rein ideeller Art – geschieht als durch Wertgegenstände, liegt auf der Hand.

Die Adventszeit bietet eine wunderbare Gelegenheit, die Kinder in ein solch sorgsames, liebevolles Vorbereiten von Geschenken einzuführen, das bis in die Verpakkung hinein sichtbar werden sollte.

Der Glaube an den Weihnachtsmann oder an das Christkind wird durch das Basteln von Geschenken nicht beeinträchtigt. Der von vielen Eltern angewandte Ausweg, »dem Christkind oder Weihnachtsmann zu helfen«, ist ja ganz echt und wahrhaftig. Wenn das Tun des Kindes beim Bereiten seiner kleinen Gaben von Freude, Wärme und Liebe für den Empfänger erfüllt ist, fühlt es sich dadurch selbst bereichert. Das ist eine echte Vorbereitung auf Weihnachten. Denn jedes Geschenk sollte mit Dem großen Weihnachtsgeschenk, das uns allen geworden ist und an jedem Weihnachten neu wird, seine innere Verbundenheit bewahren. Der früher mancherorts geübte Brauch, die Geschenke auf Tischen, die altarähnlich waren, aufzubauen, ist auf diese Gesinnung zurückzuführen.

Weihnachten

»Heute ist euch der Heiland geboren«, so lautet die erste frohe Weihnachtsbotschaft der Welt, vom Engel des Herrn an die Hirten auf dem Feld verkündet (Lukas 2,11).

Dieses »Heute« trägt, wie so manch anderes »Heute« in den Evangelien, den Charakter von etwas ewig Gültigem an sich.[10] Aus der Besinnung auf die ewige Tatsache, die an jedem Weihnachtsfest zu einem neuen Ereignis für die Menschheit werden möchte, können wir den Impuls, Weihnachten zu feiern, immer wieder neu greifen.

In den vorchristlichen, von nordischen Mysterienstätten geführten Menschengemeinschaften wurde darauf geachtet, daß alle Kinder in den Tagen, die für uns die Weihnachtstage geworden sind, geboren wurden. Durch sorgsam geschützte Einrichtungen wurde die Reinheit der Empfängnis gehütet. Der erste »rechtgeborene«, das heißt in diesen Tagen geborene Sohn, wurde später mit großen Aufgaben betraut.[11] So wurde damals die irdische Geburt genau bestimmt. Heute sollte man sich in dem Bewußtsein üben, daß sich zu dieser Zeit eine Geburt im Seelisch-Geistigen des Menschen ereignet.

»Wird Christus tausendmal zu Bethlehem geboren
Und nicht in dir, du bleibst doch ewiglich verloren.«

ANGELUS SILESIUS

Die Zeit der Wintersonnenwende, die im Christentum
zur Feier der Weihnachtstage wurde, besaß in manchen
vorchristlichen Religionen schon wesentliche Bedeutung. In dieser Festeszeit wurde der Sieg des Lichtes
über die Finsternis gefeiert. Zum Beispiel bei den Ägyptern, Germanen, Juden und Kelten, in der Mithrasreli-
gion und bei den Römern.

Erst im 4. Jahrhundert hat man begonnen, Weihnachten am 25. Dezember zu begehen. Bis dahin war
der wesentliche Feiertag der 6. Januar, der Tag der Taufe Jesu im Jordan, der Tag der eigentlichen Christgeburt
auf Erden. Es mag äußere Anlässe für diese Verlegung
gegeben haben, der wesentliche Grund lag aber wohl
doch in der Ahnung und dem bestimmten Gespür der
Christen, daß die Tage zwischen dem 24. 12. und 6. 1.
von einer besonderen Offenheit für einen Segensstrom
sind, der sich in jedem Jahr neu ergießt.

Neben allem Rückblick auf das Weihnachtsereignis
»damals«, die Geburt des Jesuskindes im Stall von
Bethlehem, sollten sich die Eltern als eigenen Hintergrund den inneren Bezug zu dem Weihnachten »heute«
erarbeiten. Auch die Festgestaltung mit den Kindern
sollte dieses Doppelte immer berücksichtigen. Aus der
Weihnachtsgeschichte (Lukas 2, 1–20) geht bis in die
Formulierungen der Worte hinein deutlich hervor, daß
das Weihnachtsgeschehen ein Ereignis in Raum und
Zeit ist. (Es begab sich zu der Zeit / es geschah zu der

Zeit / es kam die Zeit, daß sie gebären sollte / sie hatten keinen Raum in der Herberge.) Die weihnachtliche Gestaltung der Wohnung soll ein Zeichen dafür sein, daß wir bereit sind, Weihnachten in uns Raum zu geben. Die sich erfüllende Zeit wird vorbereitet durch das Feiern der Adventszeit.

Die Weihnachtskrippe

Einstmals stand die Krippe nur in Kirchen, heute hat sie ihren wichtigen Platz überall da, wo mit Kindern Weihnachten gefeiert wird. Wird doch in ihren Figuren nicht nur das historische Geschehen zum Bild, sie werden vielmehr auch zum »Urbild« für das gegenwärtige Weihnachten. Die Gestalten der Krippe können so empfunden werden, daß sie alle in uns ihre Entsprechungen haben.

Maria
— ein Urbild für die menschliche Seele, die zu *werden* bereit ist.

Joseph
— auch manchmal der schützende, sorgende »Nährvater« genannt, kann die Leiblichkeit des Menschen repräsentieren, die irdisch-physische Grundlage für das Dasein auf der Erde.

Hirten
— wachen über dem Anvertrauten, dem Schutzbedürftigen. Sie sind offen für die Worte der Engel. Sie werden zu Repräsentanten der inneren Wachheit, des Aufgeschlossenseins für das Göttliche, der Herzens-

kräfte von Ehrfurcht und Andacht. Aus echter Demut können sie »das Kind« anbeten.

Ochs und Esel

— finden wir nicht im Lukanischen Weihnachtsevangelium. Ihren Platz an der Krippe haben sie aber schon lange. Unter anderem kann man hier an das Zitat des Propheten Jesaja denken: »Ein Ochse kennt seinen Herrn und ein Esel die Krippe seines Herrn; aber Israel kennt's nicht, und mein Volk vernimmt's nicht« (Jesaja 1,3). So können für uns Ochs und Esel zu einer Mahnung werden, an dem Weihnachtsgeschehen nicht vorbeizuleben, sondern bewußt und erkennen wollend den Zugang zu ihm zu suchen.

Das Kind

— das an Weihnachten geboren wurde und in uns immer wieder geboren werden soll. Von ihm spricht Angelus Silesius. Es ist das »Geisteskind im Seelenschoße« (R. Steiner).

Schöne und auch für ungeübte Hände leicht zu verwirklichende Anregungen zum Selbstgestalten einer Krippe findet man in dem schon erwähnten Buch: »Advent« von F. Jaffke.

Es gibt wohl kein Kind, das nicht eine innige Beziehung zu den einzelnen Krippenfiguren gewinnt. Es wird sich so mit ihnen verbinden, daß es gerne im Spiel auch einmal Maria, Joseph oder ein Hirte sein möchte. In manchen Familien ist es üblich geworden, daß die Familienmitglieder gemeinsam ein Krippenspiel aufführen, zur eigenen Freude — nicht vorführen —, mit einfachsten Requisiten und immer neuer Rollenverteilung, wobei in kleinen Familien eine Person jeweils mehrere Rollen übernehmen muß. Die Kinder leben dann die ganze Weihnachtszeit in diesen Bildern.

Der Weihnachtsbaum

Der 24. Dezember ist auch der »Adam-und-Eva-Tag«. An diesem Tag führte man früher vielerorts »Paradeisspiele« auf. Spiele, in denen die Erschaffung des Menschen und der Sündenfall in kräftigen, seelenwirksamen Bildern vor die Zuschauenden gestellt wurden. Der Beginn der Menschheitsnot und der Beginn der Erlösung durch die Christgeburt sind durch die Voransetzung des Adam-und-Eva-Tages vor die Weihnachtszeit bedeutsam zusammengefaßt. Bei diesen Paradiesspielen wurde ein mit Äpfeln behangener Paradiesbaum (eine Tanne oder Fichte) als der verbotene Erkenntnisbaum den Menschen gezeigt. In dieser und in der noch älteren Sitte, blühende Zweige in die Stuben zu stellen, haben wir wohl eine Wurzel für den Weihnachtsbaum zu suchen. Eine erste urkundliche Erwähnung stammt aus dem Jahre 1605. Er ist aber wohl wesentlich älter. [12]

Der Paradiesbaum ist der Baum des ersten Adam. Er wird deshalb zuweilen auch Adamsbaum genannt. Der Apostel Paulus beschreibt Christus als den neuen Adam (Römer 5, 12–21; 1. Korinther 15, 21–49). Der Baum des neuen Adam ist das Kreuz auf Golgatha.

Der Weihnachtsbaum steht zwischen beiden. Der Erlösungsweg des Sohnesgottes beginnt an Weihnachten, und so schmücken wir den Baum mit Zeichen und Symbolen, die diesen Neubeginn kennzeichnen.

Als Weihnachtsbaum wählt man mit Vorliebe die Fichte oder Tanne. In südlichen Ländern wird man eine andere Wahl treffen. Die grünen Nadeln legen auch im Winter Zeugnis ab von einem immerwährenden Leben. Die strenge, klare Form des Stammes und der Äste in der deutlichen Betonung der Senkrechten und Waagerechten lassen schon etwas von dem Kreuz ahnen.

Der Schmuck des Weihnachtsbaumes sollte nicht zu überladen sein, sondern das Urbildliche und Wesentliche zum Ausdruck bringen. Sein erster Schmuck bestand aus Äpfeln, Papierrosen und Oblaten. Die Äpfel erinnern an den Paradiesbaum. Das lateinische Wort »malum« bedeutet gleichzeitig »Apfel« und »Übel«. An manchen Orten gab es auch die Sitte, in den Baum aus Holz gesägte Figuren von Adam, Eva und der Schlange zu hängen.

»Die Rosen, die aus dem Grün erwachsen, sind ein Symbol des Sieges des Ewigen über das Zeitliche.«[13] – Sie sind leicht aus Seidenpapier herzustellen. Eine sinnvolle Zahl ist 33 = 30 + 3. Mit 30 Jahren wurde Jesus von Nazareth getauft. 3 Jahre lebte seit der Jordantaufe der Sohn Gottes im Menschenleib auf Erden. So sind 33 rote, oder 30 rote und 3 weiße Rosen eine bedeutungsvolle Anzahl. Die Rosen sollten möglichst an den Spitzen der Zweige und Zweiglein angebracht werden.

Die Lichter sind dem Baum erst später hinzugefügt worden; heute sind die Kerzen nicht mehr fortzudenken. »Licht ist Liebe«, so sagt einmal Christian Morgenstern in einem Gedicht. In diesem Satz ist das Geheimnis des Lichtes erfaßt. Vieles kann man über das

Licht denken und schreiben, ganz unmittelbar aber leuchtet uns ein, daß die Lichter am Weihnachtsbaum ein Ausdruck der göttlichen Liebe sein können, die in Christus auf der Erde erschienen ist und besonders in jeder Weihnachtszeit neu zu uns hinströmt.

Wer zündet die Kerzen an? Am heiligen Abend werden die Kinder zu dem schon leuchtenden Baum geführt. In den weiteren Weihnachtstagen kann es natürlich ebenso gehandhabt werden, vielleicht aber dürfen sie auch das Anzünden miterleben. Dann ist das Weihnachtslicht zugleich eine Antwort der menschlichen Liebe auf den Ruf der göttlichen Liebe.

Gebäck am Weihnachtsbaum. Die ersten Weihnachtsbäume trugen kleine runde, den Oblaten ähnliche Brote. So wie die Äpfel am Weihnachtsbaum eine Erinnerung an den Baum der Erkenntnis sind, so waren die Brote ein Hinweis auf das neue Leben, welches der »neue Adam« den Menschen bringt. Wir können den alten Brauch aufgreifen und ihn für die Kinder in einen sinnbildlichen Vorgang verwandeln. Ein besonderes Gebäck, das nicht in den bunten Tellern vorkommt, wird aufgehängt und darf vielleicht jedesmal zum Abschluß einer weihnachtlichen Feier vom brennenden Baum genommen und gegessen werden. Für jeden ein Stück. Am nächsten Morgen sind dann auf geheimnisvolle Weise wieder neue »süße Brote« am Baum. So steht der Weihnachtsbaum vor den Kindern: blühend, leuchtend, spendend. –

Jede Familie wird sich »ihren« Weihnachtsbaum schmücken. Man kann sicher noch manches anbringen (z. B. Strohsterne), immer aber ist dabei die Frage nach dem Sinn, dem goldenen Hintergrund eines Brauches zu stellen. Nicht alles, was hängen kann, ist als Schmuck geeignet, sonst wird das schöne Symbol des Weihnachtsbaumes zu einem dekorativen Wohnungsschmuck umgestaltet.[14]

Die zwölf Weihnachtstage

Schon in vorchristlicher Zeit empfand man die Tage zwischen dem 24.12. und dem 6.1. als von besonderer Qualität durchdrungen. Sie ergeben sich als Zeit zwischen dem nach dem Mondrhythmus gerechneten Jahr (354 Tage) und dem Sonnenjahr.

»Die Differenz zwischen dem Sonnen- und dem Mondjahr beträgt elf, in Schaltjahren zwölf Tage. Wenn am 6.Januar Neumond ist, dann ist am 25.Dezember ein Mondjahr mit zwölf Lunationen vollendet. Es fehlen dann noch die zwölf Tage bis zum vollen Sonnenjahr. Sie wurden bei den nordischen Völkern anschließend an den 25.Dezember eingeschaltet, um das Mondjahr mit dem Sonnenjahr in Übereinstimmung zu bringen. An diesen Tagen, die den Göttern geweiht waren, sollten keine schweren Arbeiten getan werden. Der Mensch durfte sich mit den höheren Welten verbunden wissen. Vielerlei Gebräuche, Gebote und Verbote geben noch schwache Kunde von den »wihen nahten«, den Heiligen Nächten, wovon Weihnachten nur noch seinen Namen hat. In der Neujahrsnacht erinnert der Lärm an die Vertreibung der Dämonen. Die zwölf Tage wurden als prophetisch angesehen für die zwölf Monate des kommenden Jahres. Unser Jahresbeginn fällt mitten in diese Zeit der ›Weih-nachten‹. Für bewußt lebende Menschen können diese zwölf Tage und dreizehn Nächte ähnlich der Siebenheit der Passionswoche zu einer ausgesparten Zeit gemacht werden, in der Besinnung und Gebet ihren besonderen Platz haben.«[15]

In manchen Gegenden hat sich noch lange die Sitte erhalten, an den Abenden der Weihnachtstage hinauszugehen und an den Bäumen zu rütteln: »Bäumchen, wach auf, Frau Holle kommt.« Damit sollten die Lebenskräfte in den Zweigen wieder geweckt werden.

Wer in der Adventszeit bewußt darauf sah, daß sie wirklich nur der Vorbereitung diente, wird nun in der Weihnachtszeit mit den Kindern eine Zeit der Erfüllung feiern können. Die Innigkeit und Wärme dieser Tage in der Kindheit gehören für unzählige Menschen zum kostbarsten Erinnerungsgut. Jeder Tag hat das Recht zu einem, wenn auch nur kurzen Beisammensein bei Krippe und Baum. Eine weihnachtliche Geschichte, die bei älteren Kindern jeden Tag wechseln kann – und auf die sie sich jedes Jahr von neuem freuen, Wiederholung ist auch hier angebracht –, das Singen und Musizieren, das Wiederholen des einen oder anderen Gedichtes oder Spruches können einer solchen kleinen Feier Gestalt geben. Ein kleines Krippenspiel oder das spielende Singen eines Liedes oder auch nur das Umkleiden des Kindes als Maria, als Engel, als Hirte gehören zur weihnachtlichen Kinderseligkeit. Der Anhang enthält ein kleines, weihnachtliches Wechselgespräch zwischen Engel und Hirten. Es ist für zwei oder mehrere Schulkinder geeignet. Jede seelische Erhebung wird durch das Weihnachtslicht ihre Erfüllung finden.

Die Sitte des Adventskalenders läßt sich auch auf einen Weihnachtskalender für die zwölf oder dreizehn (dann ist der 6.1. eingeschlossen) Tage übertragen. Hier sind Füllungen wie kleine »Edelsteinchen« und ähnliches angebracht. Für etwas ältere Kinder ist auch ein Kunstpostkartenkalender (siehe dort) zu empfehlen.

Auch die Vielzahl der Weihnachtsgeschenke, die manchmal überwältigenden Charakter annimmt, läßt sich zugunsten des Feierns der Weihnachtstage ein wenig »dehnen«. Dann findet sich am Morgen oder bei der abendlichen Feier, besonders an den Sonn- und Feiertagen wie Silvester und Neujahr, unter dem Baum plötzlich noch ein Päckchen. Aber nicht jeden Tag! Damit kein Anspruch und keine Gier entstehen!

Der Postkartenkalender

Eine schöne Anregung für ältere Kinder bietet der Postkartenkalender. Auf einem großen Bogen Goldkarton werden mit Hilfe von Fotoecken zwölf Postkarten mit weihnachtlichen Motiven gleichmäßig verteilt angebracht, vielleicht in einer Themenfolge von der Verkündigung bis zu den Königen. Die einzelnen Karten werden mit zwei Türflügeln aus Goldfolie zugedeckt, die etwas höher und breiter als die Karten geschnitten sind und die rechts und links neben der Karte angeklebt werden. Die Tür wird durch ein goldenes Sternchen verschlossen. Jeden Tag, beginnend am 25., dürfen ein Tor geöffnet und die Flügel seitlich zusammengerollt werden. Das gemeinsame Betrachten der Karte kann Anlaß zu einem Gespräch werden. Da die Flügel sich auch wieder ausbreiten und verschließen lassen, kann der Kalender mehrere Jahre, mit neuen Postkarten geschmückt, gebraucht werden. – Um den Zusammenhang der einzelnen Weihnachtstage mit den Monaten des Jahres hervorzuheben, können auch einmal zwölf Karten gewählt werden, die mit ihrer Darstellung dem Festeskreis des Jahres folgen. Zum Beispiel:

Januar	Anbetung der Könige
Februar	aus dem Erdenleben des Jesus Christus. Versuchung, Verklärung
März	ein Kreuz
April	Auferstehung
Mai	Himmelfahrt
Juni	Pfingsten
Juli	Johannes der Täufer; die Jordantaufe
August	Christus und die Jünger
September	eine Heilung
Oktober	ein Michaelsbild
November	ein Motiv aus der Apokalypse; die zehn Jungfrauen
Dezember	Verkündigung

Eine andere sinnvolle Variation ergibt sich, wenn der Jahreslauf der Natur in den Mittelpunkt gerückt und zwölf Karten zusammengestellt werden, die etwas von der Stimmung des jeweiligen Monats wiedergeben. (Bei C. D. Friedrich, van Gogh, den Impressionisten und neuzeitlichen Malern sind zum Beispiel stimmungsvolle Naturbilder zu finden.) Die zwölf Tage der Weihnachtszeit erlebte man früher bis in das Wetter hinein als »Jahr im Jahr«.

Transparente

Zu dem sinnvollen Schmuck für die Advents- und Weihnachtszeit gehört auch das bunte Transparent. Es gibt so manche Spiele und Betätigungen, die zu bestimmten Zeiten wie von selber auftauchen und wieder verschwinden. Dazu gehört auch die Freude am Basteln eines Transparentes. Es gibt hier für die verschiedenen Altersstufen entsprechende Möglichkeiten, von ganz einfachen Arbeiten angefangen. (Manche Anregungen dazu finden sich in dem schon erwähnten Buch: »Advent«.) Am Fenster oder vor einer anderen Lichtquelle stehend, wird ein Bild nicht nur angeschaut, es fällt also nicht nur das »Augenlicht« darauf, sondern es wird auch noch von einem anderen Licht wie von innen her durchleuchtet. Die wunderbarsten Erlebnisse dieser Art bieten uns da die gotischen Kathedralen mit ihren herrlichen Glasfenstern. In diesen Öffnungen der Mauer, durch die sonst das äußere Licht hereinflutet, leuchten die Bilder geistiger Tatbestände auf. Das Licht bringt sie gleichsam zu uns mit. Die Farben sind »Taten und Leiden des Lichtes« (Goethe); sie offenbaren unserem Erleben noch eine andere Qualität, wenn nicht nur unser Augenlicht darauffällt, sondern wenn sie auch von hinten her durchleuchtet werden. Dieses Erlebnis wird besonders gern in der dunkelsten Jahreszeit, von Advent bis Weihnachten, gesucht.

Epiphanias

Die Epiphanias-Zeit, auch Dreikönigszeit genannt, beginnt am 6. Januar. Zu ihr gehören vier Sonntage und Wochen. Der 6. Januar besaß einstmals in der Christenheit eine hohe, unser heutiges Weihnachtsfest weit überragende Bedeutung.

Zwei bedeutsame Ereignisse sind unter diesem Datum vereinigt. An diesem Tag leisteten die drei Priesterkönige, Melchior, Balthasar und Kaspar genannt, ihre Anbetung und Opferung vor dem Jesuskind (Matthäus 2. Kap., Verse 1–12). Die Könige hatten seinen Stern aufgehen sehen und hatten, von ihm geleitet, die Stätte gefunden, da das Kindlein war.

30 Jahre später vollzog Johannes der Täufer am 6. Januar an Jesus von Nazareth die Jordantaufe. Johannes wurde bei dieser Taufe der Zeuge der eigentlichen Christgeburt. Denn er schaute, »wie die Sphären des Himmels sich eröffneten und der Geist Gottes in der Gestalt einer Taube herabkam und einging in Ihn«. Und die Stimme aus den Geisteswelten, die Johannes in diesem herausgehobenen Augenblick hören konnte, sprach: »Du bist mein Sohn, der geliebte, in dir will ich mich offenbaren.« Dieser Augenblick findet in einer wichtigen Lesart des Lukas-Evangelium eine wesentliche Ergänzung: »Heute habe ich dich gezeugt.« Mit der Jordantaufe, der Geburt des Christus auf der Erde in

dem Jesus von Nazareth, beginnen nun die drei Erden-
jahre des Gottessohnes.

»Epiphanias«, »Erscheinung«, wird diese Zeit genannt. Das Wort kommt aus dem Griechischen: epi-
phaino = über-scheinen. Der Stern, den die Könige gesehen hatten, war nicht am äußeren Sternenhimmel zu
finden. Die bedeutsamen Sternkonstellationen der da-
maligen Zeit waren wie ein prophetischer Hinweis auf
das wichtige geistige Ereignis, auf welches die Wissenden in allen großen Kulturen warteten. Der »Stern«, der
da erlebt wurde, war die geistige Wesenheit des göttlichen Sohnes, die über dem Kind auf der Erde leuchtete.
Und dieser »Stern« verband sich in der Jordantaufe mit
dem Jesus von Nazareth. – Der Dichter Novalis weist in
einer Strophe seiner »Geistlichen Lieder« auch auf diesen Stern hin:

> »Er ist der Stern, er ist die Sonn,
> Er ist des ewgen Lebens Bronn…«

Der 6. Januar vereinigt diese beiden Ereignisse in sich.

Die Krippe

Die von kleinen Kindern oft zärtlich geliebte Krippe
sollte in der Epiphanias-Zeit noch eine Weile stehen
bleiben, aber doch einige entscheidende Veränderun-
gen erfahren. Einer tief sinnvollen Anregung folgend,
könnte man die Krippe folgendermaßen gestalten: Maria, Joseph und das Kind bleiben. Wenn möglich, bekommt Maria einen zarten Goldreif um den Kopf und
das Kind in die Arme. Die drei Könige (Melchior mit

roter Stola oder rotem Mantel, das Gold opfernd; Balthasar entsprechend in Blau, den Weihrauch, und Kaspar, der dunkle König, in Grün, die Myrrhe opfernd) gruppieren sich um Mutter und Kind. Ungezählte Darstellungen dieser Szene zeigen eine Maria, oft königlich thronend mit einer goldenen Krone auf dem Haupt. Zu dem Wesen der Maria gehört nicht nur eine demutvolle Innigkeit, sondern auch ein inneres Königtum der Seele. Die zwölf Weihnachtstage können wir in die Epiphanias-Krippe symbolisch mit hineinnehmen.[16] Der Weihnachtsbaum, der Stall oder das Krippenhaus sind über Nacht heimlich verschwunden. Dafür stehen am Morgen des Dreikönigstages auf dem Festestisch zwölf brennende Kerzen im Halbrund, für jeden Tag der Weihnachtszeit eine, wie im Lichtmantel die Krippenszene bergend. Das Fehlen des Baumes wird so von den Kindern nicht als Verlust mit nachfolgender Leere erlebt, sondern ein neues Festerlebnis wird angeregt. Um das Motiv des in dieser Zeit so wichtigen Sternes aufzugreifen, kann ein schöner großer Stern auf einem Tuch (vielleicht in feierlichem Purpurrot) hinter der Krippe, sie überstrahlend, angebracht werden. Einen Stern darf man sich auch einverleiben! Am Morgen kann auf jedem Frühstücksteller ein von den Kindern mitgebackener Stern liegen.

Den kleinen Kindern wird man ein wenig aus dem entsprechenden Evangelium mit eigenen Worten erzählen, den größeren (ab Schulbeginn) kann es vorgelesen werden, ohne den Kindermord. – Vielleicht haben die Könige sogar für die Kinder noch ein aufgespartes Geschenk mitgebracht, zum Beispiel von den Paten. –

Mit goldener Krone und entsprechend farbigem Tuch als Umhang werden die Kinder gern selber zum König und lassen sich leicht zu kleinen improvisierten Drei-Königs-Spielen anleiten. Im Anhang findet man eine kleine »himmlische« Szene, die Flucht nach Ägypten betreffend. Sie ist für Schulkinder geeignet.

Wenn die Art und Weise der Krippenfiguren es erlaubt (mit z. B. dauerhaft knienden Figuren ist es nicht möglich), kann auch eine bewegliche Gestaltung der Krippenszene in Betracht kommen. – Die Hirten haben sich allmählich an den Weihnachtstagen wieder zu ihren Herden zurückbegeben und sind vielleicht am Neujahrstag völlig verschwunden. Dafür tauchen im Weihnachtszimmer an drei verschiedenen Orten die drei Könige auf. Jeden Morgen sind sie der Krippe ein wenig näher gekommen, treffen sich schließlich, gehen das letzte Stück gemeinsam und kommen am Morgen des 6. Januar an der Krippe an. Wenn sie ein Geschenk tragen können, darf vielleicht der rote König, Melchior, sein Gold opfern. Am nächsten Tag ist der blaue König, Balthasar, mit dem Weihrauch an der Reihe und am dritten Tag Kaspar, der dunkle König, der dem Kind die Myrrhe opfert. Der Engel weist sie im Traum an, auf einem *anderen* Weg wieder in ihr Land zu ziehen. Maria und Joseph machen sich dann mit dem Kindlein auf ihren Weg nach Ägypten. – Ganz wichtig für eine solche Art der Gestaltung ist, daß der Weg, den die Könige durch das Zimmer nehmen, würdig bereitet ist und daß die Kinder nicht mit den Krippenfiguren spielen. Das Weiterrücken geschieht natürlich heimlich. Auch ältere Kinder, die längst manches »wissen«, tauchen gerne innerlich in diese Vorgänge ein, besonders wenn jüngere Geschwister da sind.

Christophorus

Da die Epiphanias-Zeit sehr lange dauert, wird es gut sein, nach einiger Zeit die Krippe fortzunehmen, damit sie nicht zur Dekoration wird, die man allmählich übersieht. Eine bewährte Zeitspanne ist zum Beispiel vom 6.Januar über den darauffolgenden Sonntag bis zum nächsten Samstag. Als Ersatz bietet sich dann die von den Kindern sehr geliebte Gestalt des Christophorus an: des riesigen Menschen, der den größten Herrn der Welt sucht und ihn, der Legende nach, in der Gestalt eines kleinen Kindes findet und durch den reißenden Fluß trägt. Die ausführliche Legende gehört zum Erzählstoff des 2. Schuljahres. Ein Bild des Christ-Trägers darf aber ohne weiteres über dem Festeszeitentisch hängen. Auch Offerus, oder Reprobus, wie er manchmal genannt wird, sucht wie die Könige einen Weg zum Herrn der ganzen Welt. Sein Dem-Stern-Folgen ist zwar noch nicht in das helle Erkenntnislicht getaucht, doch wird er in den Tiefen seiner Seele so sicher geführt, daß er so lange sucht und dient (auch er begegnet, wie die Könige, auf seinem Weg dem Bösen), bis er den richtigen Herrn gefunden hat. So kann Christophorus mit einem gewissen Recht die Königskrippe ablösen. Denn letztlich sollen die Menschen ja alle »...pilgernd, Könige zum Ziele«, sein (Goethe). Das Tuch und der Stern sollten die ganze Zeit hindurch am Festzeitentisch bleiben.

Es gibt ein schönes Christophorus-Spiel von der großen Pädagogin Caroline von Heydebrand. Aus ihm bieten sich zwei Verse an, um sie mit den Kindern in dieser Zeit zu sprechen. Beim Erwachen begegnet Offerus des Morgens seinem Engel, der spricht zu ihm:

> »Offerus suche den stärksten Herrn,
> Offerus folge dem hellsten Stern,
> Offerus suche das höchste Gut
> in Ehrfurcht und in Dienemut.«

Und Offerus antwortet ihm:

> »Suchen will ich den stärksten Herrn,
> folgen will ich dem hellsten Stern,
> wirken will ich das höchste Gut
> wie mir's mein Engel weisen tut.«

Man kann mit dem Kind im Wechselgespräch diese Verse sprechen. Es ist auch möglich und für die Kinder ein eindrucksvolles Erlebnis, wenn an der Stelle des »Offerus« der Vorname des Kindes gesagt wird.

Passionszeit und Karwoche

Größte Zurückhaltung ist geboten, wenn wir die Kinder in die Passionszeit und Karwoche einführen wollen. Die jüngeren Kinder bis zum vollendeten 9. Lebensjahr sollen an ihr noch keinen bewußten Anteil nehmen. Denn sie sind in ihrer Entwicklung noch nicht so weit herangereift, daß sie an dem gewaltigen, Menschheit und Erde ergreifenden und verwandelnden Opfertod des menschgewordenen Gottessohnes gemäßen Anteil nehmen können. Die Kinder haben noch ein ganz unmittelbares Verhältnis zu dem immer gegenwärtigen Auferstandenen und zu seinen Worten: »Siehe, ich bin bei euch alle Tage, bis an das Ende des Zeitenkreises« (Matthäus 28, 20). Auch die zur Passionszeit gehörende Selbsterkenntnis, die der Erwachsene in dieser Zeit als innere Leiderfahrung durchmacht, ist für die Kinder nicht wesensgemäß. Das bewußte Eintauchen in die Tiefen des Leidenstodes Christi sollte der Vorbereitung auf die Konfirmation vorbehalten bleiben.

So, wie die Adventszeit durch vier Sonntage und Wochen die Weihnachtszeit vorbereitet, so bereitet die vierwöchige Passionszeit, deren letzte Woche dann die Karwoche ist, die Osterzeit vor. Im sogenannten »stillen Hintergrund« bleibend, kann aber der Festeszeitentisch doch eine Gestaltung erfahren. Eine Darstellung des Gekreuzigten aufzuhängen, ist aus den oben angeführten Gründen noch nicht angebracht. Wer aber auf das Zeichen des Kreuzes nicht verzichten möchte, findet unter den irischen Kreuzen oder den langobardischen Flechtkreuzen ganz hervorragende, auch für Kinder gut geeignete Darstellungen, die zum Beispiel als Batikarbeit auch leicht selber nachzubilden sind. Ein grüner Stoffhintergrund bietet sich besonders für eine solche Darstellung an. Unter dem Kreuz steht vielleicht ein Krug mit noch unbelaubten Zweigen, deren allmähliche Blattentfaltung das Kind miterleben kann. So fügt sich wieder das Jahreszeitliche der Natur zu der Festeszeit hinzu. Und wenn dann auf dem Tisch noch eine leere Schale steht, die auch während der ganzen Zeit leer bleiben sollte, dann zeigt sich darin das der Passionszeit entsprechende Symbol. Es darf hier an das Gedicht Christian Morgensterns erinnert werden:

Ich hebe dir mein Herz empor
als rechte Gralesschale
das all sein Blut im Durst verlor
nach deinem reinen Mahle.
O Christ.

O füll es neu bis an den Rand
mit deines Blutes Rosenbrand,
daß den fortan ich trage
durch Erdennächt' und Tage.
Du bist.

Geeignete Märchen

Es gibt viele Märchen, die Passionsmotive enthalten und die in dieser Zeit erzählt werden können. Es sind besonders solche, in denen die Personen durch Leid, Verzauberung oder Tod hindurchgehen müssen.[17]

Die sieben Geißlein – Der Ungehorsam führt in Not.
Rotkäppchen – Die Finsterniskräfte wollen das »Kind« im Menschen verschlingen.
Schneewittchen – Das Böse lockt die Schwächen der Menschenseele hervor und verführt sie.
Das Eselein – Franziskus nannte z. B. den physischen Leib »Bruder Esel«. Wir leiden alle unter der Behinderung, die er unserem wahren Menschenwesen auferlegt.
König Drosselbart – Die Menschenseele muß den Weg vom stolzen Hochmut zur echten Demut durch die Leiderfahrung finden.

Das Osterdatum

Das Datum des Osterbeginns wird eigentlich vom Himmel abgelesen. Damit Ostern gefeiert werden kann, muß zuerst die Tag- und Nachtgleiche des Frühlings am 21. März stattgefunden haben. Darauf muß der Vollmond abgewartet werden, und der erste Sonntag nach dem Frühlingsvollmond ist dann der Ostersonntag. Dieser Tatbestand ist eine gute Gelegenheit, um in der Passionszeit mit den schon etwas älteren Kindern den Blick zum Himmel zu üben. Sie können dabei anfänglich erleben, wie die großen kosmischen Weltgesetze in unsere irdischen Verhältnisse hereinwirken.

Die Karwoche

Die Karwoche heißt auch »die Große Woche« (schon seit dem 4. Jahrhundert n. Chr.), »die Stille Woche«, »die Heilige Woche«. Die Ereignisse der einzelnen Tage dieser Karwoche geben allen entsprechenden Tagen des Jahres eine bestimmte Qualität. Chara oder Kara hieß im Althochdeutschen: Trauer, Klage, Sorge. – Auch hier wäre es verfrüht, wollte man die Geschehnisse der Karwoche inhaltlich an die jüngeren Kinder herantragen. Aber das, was die Eltern sich erkennend erarbeiten, was in Andachts-, Verehrungs- und Dankbarkeitsgesinnung übergeht, das wird von den Kindern stimmungsmäßig erspürt, darin tauchen sie ein. Den Ernst und die auch früher äußerlich gepflegte Stille dieser Tage nehmen sie mit ihrem hellen Fühlen wahr.

An einigen Vorbereitungen des Osterfestes können die Kinder beteiligt werden, ohne daß sie dadurch in ein verfrühtes österliches Erleben hineingezogen werden.

So kann das Osternest bereitet werden, um auf dem Festeszeitentisch die österliche Erfüllung zu erwarten. Ein sinniger Brauch ist das Einsäen des Ostergrases oder Osterweizens am Palmsonntag: In einen Blumentopf säen die Kinder Grassamen oder legen sorgsam Weizenkörner (Sommerweizen nehmen!). Mit einer dünnen Schicht Erde werden die Körner zugedeckt, »begraben«. Einige Tage ist nun nichts zu sehen, dann aber brechen aus der dunklen Erde die zarten Spitzen hervor. Im Johannes-Evangelium, Kap. 12, 24–26, wendet der Christus den Vergleich mit dem in der Erde ersterbenden und in neuer Gestalt aus ihr hervorgehenden Weizenkorn auf sich selber an: als Gleichnis für seinen Opfertod und die Auferstehung.

Auch die schöne alte Sitte, Ostergebildbrote zu bakken, ist es wert, aufgegriffen zu werden. Aus einem Hefeteig lassen sich sinnvolle Formen flechten und bilden. Hier werden die Kinder gern helfen. Am Ostermorgen liegt dann auf jedem Frühstücksteller ein solches Gebildbrot, und auf dem Festestisch steht ein Körbchen mit weiteren Broten bereit, um zum Beispiel Gästen davon anzubieten.

Auf etwas sollte man bei den Kindern bis zum 9. Jahr verzichten, so verlockend es auch sein mag: das gemeinsame Färben der Ostereier *vor* Ostern, auch der ausgeblasenen. Wir müssen in unserer nüchternen Zeit nicht auch noch selber die Kinder aus allen Geheimnissen des Kinderlandes hinausstoßen.

Wenn die Kinder älter werden (etwa ab dem 12. Lebensjahr) kann man sie behutsam an einige Ereignisse der Karwoche heranführen. Das Buch von Emil Bock: »Die drei Jahre« (Verlag Urachhaus) bietet in den entsprechenden Kapiteln dem Erwachsenen eine ganz ausgezeichnete Hilfe an, sich in die Tage der Karwoche einzuleben. Manches davon wird man den Kindern erzählen können und ihre Fragen, die ja gerade an diesen Geschehnissen sich entzünden, aus diesem Hintergrund beantworten.

Man braucht nicht lange zu suchen, um Kunstpostkarten zu finden, die Motive der einzelnen Kartage darstellen. Auch sie haben ihren Platz auf dem Festestisch, bis dann für jeden Tag dieser heiligen Woche ein entsprechendes Bild dasteht. Die Ereignisse der einzelnen Tage der Karwoche sind folgende:

Palmsonntag – der Einzug nach Jerusalem.
Karmontag – die Verurteilung des Feigenbaumes; die Tempelreinigung.
Kardienstag – die Streitgespräche; die Ölbergapokalypse.
Karmittwoch – die Salbung durch Maria Magdalena; der Verrat des Judas.
Gründonnerstag – die Fußwaschung; das Abendmahl; die Abschiedsreden.
Karfreitag – Das Ringen in Gethsemane; Gefangennahme; Verhöre und Verurteilung; Kreuztragung und Kreuzigung; Grablegung.
Karsamstag – Der Christus als Beistand im Reich der Verstorbenen.
Eingehende Beschreibungen der einzelnen Kartage findet man in dem oben erwähnten Buch.

Das Ostergärtchen

Der Sündenfall, das Ereignis, welches die ganze Welt veränderte, geschah in einem »Garten«. Diesen Paradiesgarten mußten Adam und Eva verlassen, das Tor wurde verschlossen und von hohen Engeln bewacht. Das Grab Christi lag auch in einem Garten. Joseph von Arimathia hatte ihn und das darin vorhandene Felsengrab zur Verfügung gestellt. Da es Frühling war, dürfen wir uns diesen Garten in blühender Schönheit vorstellen. So hat auch das Ereignis, das alle Folgen des Sündenfalls heilen kann, das eine neue Schöpfung innerhalb der schon bestehenden Welt begründet, seinen Anfang in einem Garten genommen.

Diese Gedanken sind der Hintergrund für ein kleines Ostergärtchen, das sich gut mit den Kindern in der Karwoche vorbereiten läßt und das seinen Platz vielleicht auf dem Festeszeitentisch finden kann. Verteilt man die Herstellung auf mehrere Tage der Karwoche, dann hat man zugleich auch für jüngere Kinder, die noch nicht mit dem Leidensweg Christi vertraut gemacht werden sollten, eine schöne und das Osterfest vorbereitende Arbeit.

Der Ostergarten braucht zuerst einmal einen Zaun. Aus kleinen Zweigstückchen (8–10 cm lang) und Blumendraht ist er leicht herzustellen. Den Torrahmen bilden etwas längere Zweige, die oben eine Gabel haben. Ein darübergelegtes und mit Draht befestigtes Querholz vergrößert die Standfestigkeit des ganzen Zaunes. Das Türchen selber läßt sich in der gleichen Art wie der Zaun herstellen, nur mit dichterem Abstand der Hölzchen. Man beginnt am besten die Arbeit mit einem Pfosten und endet dann mit der Türe. Mit geschlossenem Tor wird der Zaun auf seinen Platz gestellt.
Etwas Moos bildet die grüne Wiese des Gärtchens (auf wasserdichter Unterlage!). Eine schöne Aufgabe für einen weiteren Tag.

Bei der Osterbäckerei werden sicher auch Eier gebraucht. Schlägt man einige (3–4) kleinere Eier nicht in der Mitte, sondern mehr im oberen Drittel der »spitzen« Seite des Eies auf, können aus dem verbleibenden größeren Teil der Eierschale kleine Väschen hergestellt werden. Aus Knetwachs läßt sich ein Ständerchen für das Väschen formen und mit Klebewachs darunter befestigen. Ein wenig Moos im Wasser gibt (später) den Blumen guten Halt.

Am *Karfreitag* legen dann die Kinder einen großen schönen Stein (keinen Edelstein) in den Garten.

Die älteren Kinder dürfen am *Karsamstag* eine besondere Arbeit ausführen. Zwei möglichst gerade Hölzer werden zum Kreuz gelegt und in der Mitte mit Woll- oder Baumwollgarn in den Sonnenfarben Rot bis Hellgelb umschlungen (siehe Zeichnung). Die Fäden können aneinander geknotet werden, das Ende wird mit einem Tröpfchen Kleber befestigt und vorsichtig vernäht. Das Osterkreuz steht gut in einem kleinen Fuß aus Knetwachs.

Am *Ostersonntagmorgen* hat sich das bisher nur grüne Gärtchen verwandelt! Das Sonnenkreuz steht nun (mit Hilfe von etwas Klebewachs) auf dem Felsen, das Tor ist aufgetan, denn der Zugang zum Osterereignis ist für jeden frei, und auf dem Moos stehen in den Eierväschen kleine Frühlingsblumensträußchen. Vielleicht steht sogar neben dem Felsen ein kleines weißes Osterlämmchen.

Das Moos wird durch Ansprühen feucht gehalten. Von Spaziergängen mitgebrachte frische Blumen schmücken das kleine Gärtchen immer wieder neu. Es wird sicher während der vierzigtägigen Osterzeit gern angeschaut.

Zeichnung: B. Reichle

Ostern

In den frühen Zeiten des Christentums war Ostern das wichtigste Fest. In der Ostkirche ist es das auch heute noch. Es war das »Fest der Feste«. Vom Ostersonntag her hat unser Sonntag als der erste Tag der Woche seine hervorragende Bedeutung bekommen. Über jedem Sonntag liegt ein Glanz des Auferstehungstages. Eine Vielfalt von überlieferten Sitten und Symbolen bietet sich für das Feiern dieses Festes an. Manches davon ist an innerem Gehalt so bedeutsam, daß es wert ist, weitergeführt, wieder aufgegriffen und neu belebt zu werden.

Das Wort »Ostern« ist wahrscheinlich auf den angelsächsischen Namen Eostrae, althochdeutsch Ostara zurückzuführen. Eine germanische Frühlings- und Lichtgöttin wurde nach Beda von Venerabilis (um 700) so genannt. Auch das Wort »Aurora«, die Morgenröte, ist damit wurzelverwandt. Die Auferstehung Christi am Morgen, »da die Sonne aufging«, ist der Anbeginn einer neuen Schöpfung, neuen Lebens, einer neuen Lichtwirkung innerhalb der alten Schöpfung.

Das Osterei

Die Kinder leben schon tagelang in Vorfreude auf das morgendliche Eiersuchen und können es kaum erwarten. Aber vielleicht sollte man sich doch erst mit ihnen am Osterfestestisch versammeln, auf dem die Osterkerze schon brennt, wenn sie ins Zimmer kommen, ein Osterlied singen, musizieren, ein österliches Gedicht sprechen usw. und sie erst nach dieser Besinnung dem Jubel des Eierfindens überlassen.

Dem Ei kommt an Ostern eine bedeutende Aufgabe zu. Sein Symbolgehalt ist nicht neu. Schon in den Schöpfungsmythen verschiedener Völker finden wir seine zentrale Bedeutung. Zum Beispiel bei den *Indern*: Aus einem goldenen Ei, das wie die Sonne glänzte und sich in zwei Hälften spaltete, entstehen Himmel und Erde. Die *Perser* stellten sich die vom Bösen noch unberührte Welt wie ein riesengroßes Licht-Ei vor. Bei den *Ägyptern* war nach einem alten Naturmythos der erste Gott aus einem Ei entstanden. Ebenso wurde die Anschauung gepflegt, daß der Sonnengott »als der Säugling der Achtheit« aus dem Ei entstanden sei. Auch der innere Sarg, in dem die Mumie ruhte, wurde als Ei bezeichnet. In der Weltentstehungsvorstellung der *Griechen* legte die große Göttin und Urmutter Nyx ein silbernes Ei. Aus dem trat ein Gott hervor mit goldenen Flügeln: Eros, der Gott der Liebe, der Erstgeborene. Er brachte alles ans Licht, was im silbernen Ei verborgen lag. Auch die *finnische* Schöpfungsmythologie kennt das goldene Ei, das schließlich in zwei Hälften zerbirst. Erde und Himmel entstehen aus den Schalen, der gelbe Dotter beginnt als Sonne zu strahlen.

Auch als vorchristliche Grabbeigaben wurden Eier gefunden. So wird im Pergamon-Museum in Berlin ein Straußenei gezeigt aus dem 9.–7. Jh. v. Chr., das einem Grab in Babylon beigelegt war. Viele Völker des Altertums pflegten diesen Brauch. Und noch heute hat sich vielerorts in Griechenland die Sitte erhalten, Ostern auf die Gräber ein rotes Osterei zu legen. – Als Grabbeigabe sollte das Ei der Keim der Hoffnung auf ein neues Leben sein.

Für die Christen ist das Ei zum Symbol der Auferstehung geworden. Neues Leben bricht durch die harte Schale. Das ist möglich, weil in jedem Ei eine goldene Sonne, der Eidotter, verborgen ist. So ist das Ei nicht nur ein Symbol des Weltenanfanges, sondern auch eines Neubeginns der Schöpfung geworden, die in jedem Menschen durch die Auferstehung Christi wirksam werden möchte. Der Apostel Paulus spricht in seinem Brief an die Galater den Satz seiner inneren tiefsten Christuserfahrung aus: »Ich lebe, aber nicht nur mein Ich, sondern Christus lebt in mir« (Galater 2,20). Lassen wir nun die Kinder an Ostern Ostereier suchen, so verbinden wir damit den Wunsch, daß sie in ihrem Leben den Anschluß an die inneren Auferstehungskräfte suchen und finden mögen. – Eine armenische Buchmalerei (datiert auf 1038) zeigt den symbolischen Zusammenhang des Eies mit der Auferstehung in geradezu klassischer Weise: Die Frauen sind zum Grabe gekommen. Das Grab ist leer, und der darauf sitzende Engel scheint gerade die Worte des Evangeliums zu sprechen: »Er ist nicht hier, er ist auferstanden.« Die Worte sind nicht wie vielfach üblich als Spruchband geschrieben, dafür ist aber über dem deutenden Finger des Engels ein schönes, weißes, großes Ei zu sehen!

Der Eierschmuck

Über das Schmücken der Eier gibt es heute reichhaltige Anregungen in entsprechenden Bastelbüchern. Aber auch hier ist es gut, sich die Besinnungsfrage »warum?« zu stellen. Warum verzieren und färben wir die Ostereier? Einstmals verschenkte man sie weiß. Wieder hilft uns die griechische Sprache ein wenig weiter. Das griechische Wort für Schmuck ist »Kosmos«. Kosmos bedeutet zugleich auch Ordnung, Welt, Weltordnung. Der Gegensatz von Kosmos ist Chaos. Die kleine Welt des Ostereies wird durch den Schmuck hineingestellt in die Gesetzmäßigkeiten der großen Weltordnung. Die Formen von Kreisen, Spiralen, Dreiecken, Vierecken, Wellenlinien, Mäander, Blüten und Sternen, Linien von Pol zu Pol, Flechtbändern usw. wollen auf diese Zusammenhänge hinweisen.

Auch durch das Färben mit nur einer Farbe bekommt das weiße Ei sein Schmuckgewand. Die leuchtenden Farben wirken ganz unmittelbar auf die Seele und sind zugleich ihr Ausdruck. Das Wort »Gewand« ist in seinem Ursprung verbunden mit »wenden«. In der Farbe und dem Stil des Gewandes wenden wir gleichsam etwas Inneres nach außen.

Die hervorragende Osterfarbe ist rot. Und so sollte der Osterhase auf die grüne Saatschale vom Palmsonntag ein rotes Osterei legen. Auf dem Auferstehungsbild des Isenheimer Altares entringt der Auferstehende dem Grab ein Gewandtuch mit einem reichen Spektrum von innen her leuchtenden Farben! Von dem Osterereignis geht auch die Neubelebung der menschlichen Seele aus. Den Kinderseelen können wir durch die farbenfrohen, leuchtenden Ostereier ein wenig von diesem Tatbestand auch ohne Worte mitteilen.

Der Osterhase

Der Osterhase bringt oder versteckt die Ostereier. Man darf ihn nicht verwechseln mit dem Feldhasen oder den Kaninchen! Sie sind seine guten Freunde, aber nicht er selber! Er selbst ist unsichtbar und hat natürlich ein goldenes Fellchen! Damit der Osterhase auch wirklich kommen kann, müssen die Erwachsenen ihn ein wenig kennen und von seinem mythischen Wert überzeugt sein.

Der Hase ist ein Pflanzenfresser, der keinem anderen Tier etwas zuleide tut. Im Gegenteil, es gibt genügend glaubwürdige Berichte davon, daß diese Tiere sogar füreinander einstehen und ein vom Hund gehetzter Hase durch einen anderen plötzlich abgelöst wird. Schon diese Tatsache könnte genügen, um dem Tier seinen hohen Symbolwert zuzusprechen. Aber es gibt auch noch manch andere Motive. Der Hase hat im Gegensatz zum Kaninchen keine Höhlen und Gänge, um sich zu verbergen. Er lebt so in einer gewissen Heimatlosigkeit, oder anders gesehen: überall ist seine Heimat.

Der Hase wird auch in manchen Gegenden »Meister Lampe« genannt. Als Leuchte, Lichtbringer empfand man ihn. Dieser Name weist wohl auf seine Zugehörigkeit zu der germanischen Frühlings- und Lichtgöttin hin, deren Bote und Begleiter der Hase gewesen sein soll.

In der Jägersprache werden die langen, schönen Ohren, mit denen er so gut hören kann, »Löffel« genannt. Mit einem Löffel kann man schöpfen, etwas von zarter Konsistenz aufnehmen. Die Auferstehung des Logos, des Wortes Gottes, wie der Christus auch genannt wird, ist trotz aller Größe keine das menschliche Bewußtsein überwältigende Tatsache. Nur wer sich ihr ehrfürchtig nähert, wird sie aufnehmen können und das neue Schöpferwort in sich erfahren. – Zugleich sind die Ohren Organe der Wachsamkeit für alle die vielen Feinde des Hasen – Wahrnehmungsorgane für Gut und Böse.

Welches Kind – und welcher Erwachsene – ist nicht entzückt, wenn spielende, »männchenmachende« Hasen am Waldrand zu beobachten sind! – »Männchenmachen« – ein spielendes Ergreifen der dem Menschen eigenen Aufrichtekraft.

Der Hase spielt auch in der vor- und nachchristlichen Kultur, Geistesgeschichte und Kunst eine nicht unwesentliche Rolle.[18]

Die Zusammenschau der einzelnen Motive läßt den Hasen zum Osterhasen werden. Zum mythischen Bild, zum Symbol für das Ich, das den persönlichen Egoismus überwunden hat und zur Hingabe und Opferung fähig ist. Der Osterhase *legt* also nicht das Ei, den Keim der neuen Schöpfung durch die Auferstehung Christi, aber er darf es bringen.

Daß das Feiern des Osterfestes allmählich sehr beeinträchtigt wird durch einen immer mehr um sich greifenden Geschenktrubel, ist offensichtlich. Streng genommen kann der Osterhase nichts außer Eiern, eigentlich noch nicht einmal süße, bringen.

Das Suchen und Finden der Eier ist für alle Kinder ein wichtiges und vergnügliches Ostererlebnis. Wir können als Menschen eigentlich nur das suchen, von dessen Existenz wir zumindest etwas ahnen oder wissen. Der Osterbericht des Evangelisten Lukas (Kap. 24, 1–5) greift in besonderer Weise das Motiv des Suchens auf. Die Frauen suchen den ins Grab gelegten Leib, finden ihn aber nicht. Die Antwort der Engel auf dieses Suchen ist: »Was suchet ihr den Lebendigen bei den Toten?« Das Bemühen war richtig, nur die Richtung war falsch. – Noch manches andere über das Suchen ließe sich aus dem Evangelium anführen. Vielleicht genügt hier der eine zentrale Satz: »Suchet, so werdet ihr finden« (Matthäus 7, 7). Die aus innerer Freiheit vollzogene Willensleistung des Suchens ist die Grundlage für alles geistige Bemühen. »Wer nicht suchen kann, wie nur je ein Freier, bleibt im Trugesbann siebenfacher Schleier« (Chr. Morgenstern). – Durch das Suchen der Ostereier können wir den Kindern den österlichen Impuls vermitteln: Suchet Ihn, ihr werdet Ihn gewiß finden.

Der österliche Festestisch

Als Hintergrund für ein Auferstehungsbild kann eine rote Stoffbahn oder ein roter Karton angebracht werden. (Sogenannter Fotokarton oder Tonpapier sind gut geeignet.) Auf dem vielleicht mit einer grünen Decke versehenen Tisch steht die Schale, oder bei mehreren Kindern die Schalen, mit dem gekeimten Samen und dem roten Ei und die Schüssel mit den Gebildbroten.

Die leere Schale der Passionszeit wartet nun auf die Füllung durch die gefundenen Ostereier. Eine große weiße Kerze brennt, die in den 40 Ostertagen immer wieder angezündet werden kann. Man wird auch gerne eine Vase mit ergrünenden oder erblühenden Zweigen aufstellen, um die Natur bewußt mit einzubeziehen. An diesen oder einen anderen Strauß dürfen die Kinder auch ihre selbstgeschmückten Eier hängen. Und auch der Osterbaum kann dort stehen.

Der Osterbaum

Aus der Schatzkiste der Gebräuche können wir eine schon fast vergessene Sitte neu aufgreifen und beleben: Das Aufstellen eines Osterbaumes, der seine Entsprechung im Weihnachtsbaum hat (siehe Zeichnung im Anhang). Wir können diese alte Sitte neu begründen, wenn wir uns an die Paradieslegende erinnern. Sie erzählt uns folgendes:

Nach der Vertreibung aus dem Paradies durfte Seth, der dritte Sohn von Adam und Eva, noch einmal das Paradies betreten. Der sterbende Adam hatte ihn darum gebeten. Mit der Hilfe des Erzengels Michael gelang Seth der Eintritt in das Paradies, und er schaute, wie die beiden Bäume, der Baum des Lebens und der Baum der Erkenntnis, mit ihren Kronen miteinander verwachsen waren. Adam und Eva hatten das Paradies verlassen müssen, damit sie, nachdem sie vom Erkenntnisbaum genommen hatten, nicht mehr vom Lebensbaum äßen. Von diesem zusammengewachsenen Baum bekam Seth die Samenkörner und legte sie Adam in den Sarg. Der Legende nach ist aus dem Holz des Baumes, der daraus erwuchs, auch das Kreuz auf Golgatha gemacht worden. Von diesem Kreuz des Todes geht das neue Leben für die Welt aus. Denn das Kreuz ist für den Christen nicht nur das Zeichen des Opfertodes, sondern auch das Zeichen des Auferstandenen.

Die klare, strenge Form des Osterbaumes erinnert noch deutlich an das Kreuz; das mit Grün umwickelte Gestänge und die daran aufgehängten Eier an das neue Leben. Um auszudrücken, daß Ostern »ein Weltverjüngungsfest« ist, wie der Dichter Novalis sagt, ein Fest, an dem auch die ganze erste Schöpfung ihren Anteil nimmt, können die Eier auch in den Farben, die man den vier Elementen zugeordnet hat, eingefärbt werden: [19] ·

Erde	– lila
Wasser	– blau
Luft	– gelb
Feuer	– rot

Den Osterbaum können noch weitere Symbole schmükken. Aus Teig gebacken (siehe Ostergebildbrote) unten am Fuß stehend ein oder zwei Menschen (Mann und Frau; Adam und Eva), darüber an der Mittelachse ein Hahn und ganz oben eine Sonne.

Der Hahn ist durch seine besondere Lichtempfänglichkeit, durch die er zum Wecker für den kommenden Tag wird, in der christlichen Symbolik ein Bild für das menschliche Ich. Der verleugnende Petrus wird durch den Hahnenschrei wieder zu sich selbst gerufen (Lukas 22,54–62). Der Kirchenlehrer Ambrosius (4. Jahrhundert) sagt von dem Hahn:

»Der Hahn ruft, die da liegen, hoch
und schilt auf die Verschlafnen ein.«

und:

»Die Hoffnung kehrt beim Hahnenruf.«

Im Märchen von den Bremer Stadtmusikanten steht der Hahn als Spitze auf Esel, Hund und Katze. So kann man den Hahn als ein Symbol dafür sehen, daß das Ich des wachen Menschen den Aufgang der »Christussonne« wahrzunehmen vermag.

Mit dem zusätzlichen Schmuck des Hahnes am Osterbaum greifen wir also einen alten, sinnvollen Brauch auf. –

Die Osterzeit dauert 40 Tage, bis zu dem Fest, das wir die Himmelfahrt Christi nennen.[20] Es ist anfangs nicht ganz leicht, durch 40 Tage eine österliche Stimmung hindurchzutragen und zu pflegen. Es wird einem mehr oder weniger gelingen, aber auch hier hilft die Übung, und man wird von Jahr zu Jahr mit Freude eine wachsende Fähigkeit spüren. Ein schöner Osterfestestisch kann uns dieses Ziel, in dem er uns sichtbar daran erinnert, erleichtern.

Ein kleines Osterspiel

In vielen Familien hat sich die Sitte eingelebt, kleine Szenen aus der Weihnachtsgeschichte mit den Kindern darzustellen. Für eine kurze Zeit taucht das Kind ganz in seine Rolle ein, ist dann, fühlt sich dann als Maria oder Engel, als Joseph oder Hirte. Kostbare Seelenstimmungen werden dadurch erzeugt und durchlebt. In einem altdeutschen Osterspiel (aufgezeichnet in Nürnberg) befindet sich eine kleine, mit Kindern leicht spielbare Szene für die Osterzeit. Die Frauen kommen zum Ostergrab und begegnen dort den Engeln. Man kann die Szene für die Kinder zum Beispiel so einrichten: Zwei Engel – es kann natürlich auch nur einer sein – stehen neben einem mit Tüchern angedeuteten Höhleneingang zum Grab. Sie können auch neben dem Osterfestestisch stehen. (Auch Jungen sind manchmal gerne Engel!) Zwischen den Engeln brennt die Osterkerze. Sie sprechen gemeinsam:

> Erstanden ist der heil'ge Christ,
> der aller Welt ein Tröster ist.
> Und wär er nicht erstanden,
> so wär die Welt vergangen.

Dann kommen die drei Frauen, jede eine Kerze tragend, heran. (Auch hier kann der Text nur von einer oder zwei Frauen gesprochen werden.) Sie sehen die Engel und erschrecken ein wenig.

Ein Engel: Erschrecket nicht und seid all' froh,
denn den ihr sucht, der ist nicht do.

Maria: Engel, liebe Engel fein,
wo find ich denn den Herren mein?

Ein Engel: Er ist erstanden aus dem Grab
heut am heiligen Ostertag.

Maria Magdalena:
Habt Dank, ihr lieben Engel fein!
Nun wollen wir alle fröhlich sein.

Ein Engel: Geht hin, sagt das Sankt Petrus an
und seinen Jüngern lobesan!

Alle, auch die, die bisher nur zugeschaut haben, zünden ihre Kerze an der Osterkerze an. Oder man erweitert die kleine Szene an dieser Stelle durch den »russischen Ostergruß«. Dann braucht jeder Anwesende eine Kerze mit Tropfschutz. Ein Engel zündet seine Kerze an der Osterkerze an und gibt das Licht weiter mit den Worten:

»Christ ist erstanden!«

Der Empfangende antwortet:

»Er ist wahrhaftig auferstanden!«

Dann gibt er das Licht mit den entsprechenden Worten weiter. Wenn alle Kerzen angezündet sind:
Johanna, zu allen im Raum gewandt:

Nun singet all zu dieser Frist:
Erstanden ist der heilig Christ!

Das Lied »Christ ist erstanden« oder der »Russische Ostergruß« (siehe Anhang) wird nun gemeinsam gesungen.
Mit einfachen Mitteln – verschiedenfarbige Tücher über den Kopf oder um die Schulter gelegt – ist die Verwandlung in eine der Gestalten leicht zu vollziehen. Das Spiel ist ab Schulalter geeignet und sollte vorher ein wenig geübt sein. Dann kann es am Ostermorgen für die ganze Familie zu einem kleinen festlichen Ereignis werden.

Das Osterwasser

Wo es sich einrichten läßt, ist es für das Kind etwa ab dem 6. Lebensjahr auch einmal ein schönes Erlebnis, in der Frühe des Ostermorgens, vielleicht sogar bei Sonnenaufgang, das sogenannte »Osterwasser« zu schöpfen. Man steht schweigend auf, geht schweigend zur Quelle oder zu einem Brunnen und schöpft Wasser. Die ersten Worte dieses Tages können dann der alte Spruch sein:

> »Das Wasser ist Christi Blut,
> ist für allen Schaden gut.«

Es geht dabei nicht um magische Handlungen (mit dem Wasser kann man nachher ganz einfach die Zimmerpflanzen gießen), sondern um ein Erlebnis von der Heiligkeit des Wortes (durch das Schweigen) und um ein ahnungsvolles Erfassen der Tatsache, daß auch die ganze Erde, alle Elemente, von dem Osterereignis neu belebt werden.

40 bunte Ostereier

Die wachsende österliche Kraft der 40 Tage kann folgendermaßen ein wenig ins Anschaubare gerückt werden: In einer größeren Vase, vielleicht einer Bodenvase, stehen Zweige, an die an jedem der 40 Tage ein ausgeblasenes, buntes Osterei mehr aufgehängt wird. (Mit kleinen Kindern, die noch nicht in die Schule gehen, sollten die Eier noch nicht gezählt werden.) Das Schmücken dieser Eier ist eine schöne österliche Aufgabe für die Kinder, die während der Osterzeit durchgeführt werden kann. Die gelungensten Eier werden aufbewahrt und können im nächsten Jahr wieder verwendet werden. So sammelt sich bei den Eltern im Lauf der Jahre ein kleiner Schatz kostbarer Ostereier an, der vielleicht auch noch später, wenn die Kinder groß und aus dem Haus sind, seinen Erinnerungswert hat.

Da die Auferstehung ein Ereignis der Morgenfrühe ist, sollten die Eier auch am Morgen aufgehängt werden.

Anregungen für das Gestalten der 40 Tage

Unter den Märchen, besonders denen der Gebrüder Grimm und den russischen, gibt es sehr viele, die österlichen Charakter haben. Letztlich sind es alle Märchen, in denen die Motive der Verwandlung, Todüberwindung und Erlösung vorkommen. Das gilt auch für andere Geschichten, Erzählungen und Legenden. Als kleine Anregung seien genannt: Froschkönig, Rapunzel, die zwei Brüder, die Kristallkugel (hier kommt auch das Ei vor). Ab 9 Jahren: Die Tobias-Geschichte (Apokryphe zum Alten Testament), Flor und Blancheflor. Ab 12 Jahren: Parzival. Diese Geschichten können auf mehrere Tage verteilt werden, die Parzival-Erzählung auf mehrere Wochen. – Wenn bei brennender Osterkerze erzählt wird, ist der Zusammenhang der Erzählung mit Ostern für das Kind unmittelbar gegeben.

Für die Regennachmittage bietet sich als österliches Werken neben dem Bemalen ausgeblasener Eier insbesondere das Flechten, Falten oder Arbeiten mit Ton an. Auch hierfür gibt es heute vielfältige Anregungen. Dem Flechten liegt ein ordnendes (»Kosmos«-)Prinzip zugrunde, dem Falten ein Verwandlungs- und dem Arbeiten mit Ton ein Gestaltungsprinzip. Österliches Tun bis in die Hände hinein! Die Kinder sollten aber nicht zu früh und zuerst nur mit ganz einfachen Arbeiten vertraut gemacht werden. Es soll keine Anstrengung, sondern schöpferische Freude sein und bleiben.

Für draußen eignen sich Ballspiele (den Sonnenbogen werfen!); Schaukeln (die Luft erleben); sehr empfehlenswert ist es, dem Kind ein kleines Stückchen Erde für ein eigenes Gärtchen zur Verfügung zu stellen und es darinnen säen und pflanzen zu lassen; Spaziergänge in der Osterzeit – das alles gewinnt, wenn es von den Erwachsenen mit innerem Verständnis begleitet wird, während der Osterzeit seine besondere Bedeutung. Es ist gut, wenn das Kind in diesen Tagen mit allen vier Elementen eine wesentliche Begegnung hat: mit der Erde durch das Tonen und den Garten; mit dem Wasser durch das Schöpfen des Osterwassers; mit der Luft durch Ballspiele, Schaukeln, Windrädchenbauen; mit dem Feuer durch die Osterkerze.

Wenn es uns gelingt, die Osterzeit wieder neu zu feiern, dann wird sie zu einer Quelle der echten Lebensfreude und Zuversicht werden.

Himmelfahrt

Die 40 Ostertage münden ein in das Fest, welches wir
im allgemeinen als »Christi Himmelfahrt« bezeichnen
(Apostelgesch. 1, 1–12). Der Auferstandene überwächst
bei diesem Ereignis die Wahrnehmungsfähigkeit der
Jünger. Mit ihrem menschlichen Bewußtsein können
sie ihm nicht folgen, das führt zu dem Verlusterlebnis.
Aber er geht nicht von der Erde fort, sondern wird zum
Herrn der auf der Erde wirkenden Himmelskräfte. Dazu gehört, daß er die durch die Auferstehung errunge-
nen Kräfte den Menschen und der Erde einverleibt. Im
Lukas-Evangelium wird uns anschaulich geschildert,
wie er segnend emporgetragen wird gen Himmel (Lukas 24, 50–53). Segnend, substanzausstrahlend verbindet der Auferstandene sein Wesen mit den Himmeln,
mit der Erde, mit den Menschen.

Der Festeszeitentisch

In der mittelalterlichen Kunst, besonders auch in der
Buchmalerei, gibt es eindrucksvolle Darstellungen der
Himmelfahrt. Aus der inneren Versenkung in das Ge-
schehen sind den Malern, oft waren es Mönche, aussa-
gekräftige Bilder gelungen. Ein solches kann mit einem
Goldkarton als Hintergrund über dem Tisch hängen.
Auf ihm liegt vielleicht ein grünes Tuch. Eine weiße

Kerze steht da, wie an Ostern. Es kann gut dieselbe sein. Neben ihr steht ein Strauß bunter Wiesenblumen. Die dem Himmel sich öffnende Blüte ist so recht eine dem Fest gemäße Gebärde der Natur. Um nun den der Erde zukommenden Segensstrom der Himmelfahrt für das Kind ins Bild zu bringen, kann man unter den Strauß, auf das grüne Tuch viele kleine goldene Sterne legen. Die Himmelskräfte sind auf der Erde angekommen! (Im Kölner Dom gibt es ein Glasfenster aus der Zeit um 1250 mit der Darstellung der Himmelfahrt. Christus erhebt sich von einem grünen Berg, dessen Kuppe vergoldet und mit vielen kleinen Sternen übersät ist.)

Die Wolken

Das Himmelfahrtsereignis ist mit dem Bild der Wolke verbunden. »Eine Wolke nahm Ihn vor ihren Augen fort.« Die am Himmel sichtbaren Wolken sind ein Gleichnis für den Prozeß, der sich da ereignete.[21] In den zehn Tagen der Himmelfahrtszeit sind oft eindrucksvolle Wolkenbildungen zu beobachten. Bei einem Spaziergang in diesen Tagen kann man sich die Muße nehmen und mit den Kindern ein wenig die Wolken beobachten und ihrem alle Grenzen überziehenden Wesen nachsinnen. Die wechselnden Gestaltungen der Wolkenbilder können die Phantasie kräftig anregen.

Die goldenen Eier

Es ist nicht so ganz einfach, das Geschehen der Himmelfahrt, das Einmünden der Auferstehungskraft in die

Sphäre des väterlichen, ewigen Seins, für die Kinder ins »rechte Bild« zu bringen. Bei diesem Bemühen kann uns die Besinnung auf das sogenannte »Goldei« helfen. Unter allen Ostereiern nahm es eine besondere Stellung ein. Vergoldete oder gar aus echtem Gold und mit kostbarem Schmuck verzierte Eier wurden von Königen und Fürsten an Ostern verschenkt. Aber auch schon im alten Persien kannte man das goldene Ei. Das Gold gehört auf der Erde zu den Stoffen, die eine Art »Ewigkeitswert« haben, die sozusagen unvergänglich sind. Im Anschauen offenbart es uns seine tiefe Verbundenheit mit dem Licht. Wenn man früher in der Kunst dem Dargestellten einen goldenen Hintergrund gab, wollte man unter anderem auf das Ewig-Geistige des Inhaltes hinweisen.

An Himmelfahrt ist die Zeit der bunten Ostereier vorbei. Der Strauß mit den 40 farbigen Eiern ist am Morgen des Himmelfahrtfestes verschwunden, und an seiner Stelle können frische Zweige stehen, an denen nun vergoldete Eier hängen – zum Beispiel zehn Stück, entsprechend den zehn Tagen der Himmelfahrt, oder zwölf für die zwölf Apostel (Matthias steht dann an der Stelle des Judas), oder dreizehn, dann ist Maria einbezogen. Das frohe, lebensvoll Bunte hat sich gewandelt in das feierliche »ewige« Gold.

Die Pusteblume

Welches Kind würde nicht den Löwenzahn mit seinen vielen sonnengoldenen Blüten lieben! Im Anhang dieses Buches ist eine zu Kinderherzen gesprochene »Löwenzahn-Predigt« abgedruckt. Man kann die Predigt zu einem fröhlichen Spiel werden lassen und bei einem Himmelfahrts-Spaziergang die Kinder eine Pusteblume pflücken und die Samen mit ihren Sternchen in die weite Welt hinauspusten lassen. Am besten gelingt dies von einer Anhöhe aus und mit dem Wind geblasen.

Das Himmelfahrtsfest droht mehr und mehr verlorenzugehen. Aber jeder, der sich nur ein wenig in die Größe dieser zehntägigen Festeszeit hineingelebt hat, wird alles tun wollen, um in die Herzen der Kinder den Keim einer Ahnung von der hohen Bedeutung dieses Festes zu legen.

Pfingsten

Das Wort »Pfingsten« kommt von dem griechischen Wort »pentecoste«, das heißt »der Fünfzigste« (Tag nach Ostern). An diesem Tage waren die Jünger »einmütig« versammelt, wie es in der Apostelgeschichte heißt (Kap. 2, Vers 1 ff.). Im Zusammenklang ihrer Gedanken, dem Zusammenströmen ihrer Empfindungen und in den gemeinsam gepflegten religiösen Übungen ereignete sich die Begabung mit dem Heiligen Geist. Sie erlebten im brausenden Jubel ihrer Seelen, in erleuchteter Erkenntnis: Der Christus ist mit jedem einzelnen von uns auf das tiefste verbunden. Er ist uns nicht entschwunden, Er ist da. Mit dieser be-geisterten Erfahrung konnten sie verkündigend zu den Menschen gehen und in ihnen ähnliche Erlebnisse hervorrufen. So ist Pfingsten zugleich auch das Fest der christlichen Gemeinschaft. Denn der vom Wesen Christi innerlich berührte Mensch wird immer den Menschenbruder suchen, um ihn daran teilnehmen zu lassen.

Der Festeszeitentisch

Wo in der Kunst die Himmelfahrt Christi dargestellt wurde, ist meistens auch ein Pfingstbild zu finden. Auf den Häuptern der Jünger sind die Flammenzungen zu sehen. Manchmal ist Maria in ihrer Mitte dargestellt als

Vertreterin der menschlichen Seele. – Ein solches Pfingstbild nimmt nun seinen Platz über dem Festestisch ein. Auf dem Tisch steht wieder die weiße Kerze und um sie herum ein Kreis von zwölf weiteren weißen Kerzen. Die mittlere sollte aber immer durch Länge und Stärke etwas hervorragen. Die zwölf Kerzenständer könnten zum Beispiel von den Kindern in der Osterzeit aus Ton geformt und vielleicht auch in zwölf verschiedenen Farben bemalt werden. Als Beitrag aus der Natur sind besonders die Blumen geeignet, die zu den Kompositen, den Korbblütlern, gehören. Also Pflanzen, die eigentlich aus vielen Einzelblüten bestehen, die aber alle auf einem gemeinsamen Boden stehen. Die Margeriten, die meistens gerade um die Pfingstzeit blühen, gehören auch dazu.

Das Anzünden der Kerzen

Am Pfingstmorgen, wenn die Kinder ins Zimmer kommen, sollte die mittlere Kerze schon brennen. Nach einem Lied und Spruch darf nun jedes Kind, vielleicht auch jeder Erwachsene eine Kerze an der mittleren anzünden. Meist werden dann unangezündete Kerzen übrigbleiben. Die darf das Kind nun für andere, ihm verbundene Menschen anzünden, zum Beispiel für die Paten, Großeltern, Freunde und Verwandte, Kranke, Verstorbene. So erlebt das Kind um sich eine Gemeinschaft von Menschen, für die es auch einmal etwas tun darf und kann. Das Wörtchen »für« ist eines der kostbarsten Worte, die wir als christlich bemühte Menschen haben.

Das Anzünden der Kerzen sollte möglichst dreimal erfolgen: am Morgen des Pfingstsonntages und -montages und am Sonntag nach Pfingsten. Immer wieder können neue Menschen in den Kreis der bedachten aufgenommen werden. Dieses so geübte kindliche Tun für andere Menschen kann später einmal seine Steigerung erfahren in der Fürbitte, dem Gebet, das für andere gesprochen wird.

Erzählungen

Zu den für die Pfingstzeit geeigneten Märchen gehören:

Aschenputtel – die Tauben (im Evangelium ein symbolisches Bild für den Heiligen Geist) helfen bei der Unterscheidung von gut und schlecht und wissen, wer die rechte Braut ist.
Die drei Sprachen – aus der Weisheit der Tauben kann die Messe gelesen werden.

Für Kinder ab etwa 10 Jahren eignet sich auch die Gralsgeschichte »Lohengrin«. (Der vom Gral gesandte Schwanenritter bringt der bedrohten Menschenseele und dem Volk Frieden und Freiheit.) Die Erzählung läßt sich gut in mehrere Abschnitte einteilen.

Johanni

Nach der Sommersonnenwende, am 24. Juni, feiern wir
den Johannistag, den Geburtstag Johannes des Täufers.
Dieser Tag leitet die Johanniszeit ein, die in der Christengemeinschaft an vier Sonntagen mit den dazugehö-
rigen Wochen gefeiert wird.

Johannes der Täufer war für die Menschen der große
Wegbereiter des Christus. Und er ist es auch heute noch.
Seine gewaltigen, flammenden Predigten haben nichts
von ihrer Aktualität verloren. Ein wesentliches und sich
wiederholendes Motiv seiner Predigten lautet: »Ändert
euren Sinn!« Und: »Bereitet den Weg des Herrn!« Wie
der Weg im Seeleninnern des Menschen zu bereiten ist,
wird angedeutet durch ein Zitat des Propheten Jesaja
(Lukas 3, 4–5):

> »Bereitet den Weg des Herrn
> und machet seine Steige richtig!
> Alle Schluchten sollen voll werden,
> und alle Berge und Hügel sollen erniedrigt werden;
> und was krumm ist, soll richtig werden.
> Und was rauh ist, soll glatter Weg werden.«

Berge und Schluchten sind nicht nur äußere Naturtat-
sachen, sondern auch Bilder für die Zustände der
menschlichen Seele. Wir kennen sie wieder in den
Schwankungen des Gefühlslebens, dem »himmelhoch-

jauchzend« und »zu Tode betrübt«. Die Mitte zu halten zwischen den Extremen ist johanneische Aufgabe. Dazu gehört auch, daß die »krummen« Gedankenwege in klare Eindeutigkeit geführt und die Hindernisse, an denen der Wille immer wieder erlahmt, übend angegangen werden sollen. – Wir können die Flammenworte des Johannes natürlich nicht inhaltlich den Kindern nahebringen. Aber es bietet sich ein sprechendes Bild für den Weg der inneren Entwicklung an. Es ist der Weg, der durch die Lilie und die Rose gekennzeichnet werden kann.

Lilie und Rose

Lilie und Rose sind Repräsentanten anschaubarer Gegensätze. Schaut man die Lilie an, ein Zwiebelgewächs, so sieht man, daß sie ganz eindeutig dem Gesetz der Dreiheit folgt. Sich kaum im Erdreich verwurzelnd, verzichtet sie auch auf jede nennenswerte Gestaltwandlung im Bereich der Blätter. Zwei Dreiecke bilden den Sechsstern ihrer Blüte. Der Sechsstern ist der Stern der Verkündigung. Das Gesetz, unter dem die Lilie angetreten ist, offenbart sie unmittelbar, ohne jede Zwischenstufe. Dieser Tatbestand, verbunden mit dem reinen Weiß der Blüte, hat sie zum Zeichen werden lassen für die einstmalige paradiesische Himmelsunschuld des Menschen. Die reine weiße Lilie ist sozusagen die Blume des Anfangs. Es sei hier an Bilder der Verkündigung des Erzengels Gabriel an Maria erinnert, auf denen die Lilie diese ihre hervorragende symbolische Aussagekraft entfaltet.

Ganz andere Erfahrungen stellen sich beim Betrachten der Rose ein. Kräftig ist sie in der Erde verwurzelt. Auch sie untersteht einem deutlich erkennbaren Bildegesetz: dem der Fünfheit und dem Fünfstern, dem Pentagramm. Der Fünfstern ist der Stern der Erfüllung. In seiner Metamorphose, seiner Gestaltverwandlung ist dieses Gesetz überall deutlich erkennbar: in den Blättern, den Blattstellungen am Stiel, bis es sich in der Blüte in Reinheit – bei der einfachen Heckenrose – und in Vielgestaltigkeit und Schönheit – bei der Zuchtrose – offenbart. Auf diese herrliche, von wissenden Menschen einstmals veredelte Pflanze läßt sich das Wort Schillers besonders gut anwenden:

»Suchst du das Höchste, das Größte? Die Pflanze kann es dich lehren.
Was sie willenlos ist, sei du es wollend – das ist's!«

Wenn wir unsere innere Verwandlung wollen, dann leben wir willentlich das Willenlose dieser Pflanze. Dann leben wir im Sinne des Johannes. – So liegt das Zukunftsziel des Menschen nicht in einem »Zurück zur Lilie!«, sondern in einer Weiterentwicklung. Für diese kann die Rose das entsprechende Bild sein.

Seit dem Mittelalter ist die Rose übenden Menschen ein besonderes Symbol geworden. Goethe geht in seinem »Faust« sogar noch über diese »persönliche« Bedeutung der Rose hinaus. Im 5. Akt des 2. Teils wird um die Seele des gerade gestorbenen Faust gerungen. Die entscheidende Wende tritt ein, als blühende Rosenzweiglein die dämonischen Geister vertreiben:

>*Die jüngeren Engel:*
Jene Rosen aus den Händen
Liebend-heiliger Büßerinnen
Halfen uns den Sieg gewinnen,
Uns das hohe Werk vollenden,
Diesen Seelenschatz erbeuten.«

Die Überwindungskräfte, hier im Bild der Rosen, halfen das Böse zu vertreiben. Aus den Händen der liebend-heiligen Büßerinnen entstammen diese Rosen. Im Verlauf der weiteren Handlung treten diese Büßerinnen in Erscheinung. (Es sind drei Frauen: Maria Magdalena – Magna peccatrix, die Samariterin vom Brunnen – Mulier Samaritana und Maria Ägyptica). Bei allen hat sich eine entscheidende Umkehr, eine Sinneswandlung im Schicksal vollzogen. Sie sind durch Schuld gegangen und haben ihr wahres Menschentum neu gefunden. Ja sie haben sogar »über-flüssige«, über-strömende Kräfte entwickeln können, die nun als Hilfe für andere zur Verfügung stehen. Aus ihren Händen stammen die hilfreichen Rosen.

Es ließe sich nun noch vieles anführen, um das Lebensbild von Lilie und Rose und ihre zeichenhafte Bedeutung zu vervollständigen. Aber vielleicht genügt dies als Anregung, in welche Richtung empfunden und gedacht werden kann.

Der Festeszeitentisch

Der Festeszeitentisch könnte am Morgen des Johannis-Tages folgendermaßen aussehen. An der Wand hängt ein Bild des Täufers (zum Beispiel Johannes vom Portal der Kathedrale in Chartres; Johannes der Täufer von Leonardo da Vinci; die weisende, mächtige Täufergestalt vom Isenheimer Altar und andere). Links neben dem Bild steht eine weiße Lilie, rechts ein Rosenstrauß oder eine einzelne rote Rose. Zwischen Lilie und Rose »liegt« der Weg, auf den Johannes den Menschen hinweist.

Die Johannis-Speise

Von Johannes wird berichtet, daß er sich in der Einsamkeit von Früchten und wildem Honig ernährte. So könnte auch mit den Kindern eine Johannis-Speise bereitet werden. Es reifen in dieser Zeit viele köstliche Beeren. Von verschiedenen Sorten werden einige in ein Schüsselchen gegeben und mit etwas flüssigem Honig gesüßt.

Die Festesgeschichte

Es bietet sich natürlich das Märchen: »Der treue Johannes« (Gebr. Grimm) an. Der treue, sich opfernde Hüter bereitet dem jungen Königssohn und seiner Braut den Weg zur wahren Erfüllung. – Eine feinsinnige Johannigeschichte, geeignet für Kinder ab Schulalter, ist auch: »Warum die Linde erst im Sommer blüht« (siehe Anhang). – Auch in dem schon erwähnten Buch von I. Johanson: »Geschichten zu den Jahresfesten«, sind mehrere Kapitel dem Johannes gewidmet.

Johanni und Weihnachten

Das Johanneische Motiv, das auch über der weisenden Hand des Johannes auf dem Isenheimer Altar eingeschrieben ist: ER muß wachsen, ich aber muß abnehmen (Joh. 3, 30), finden wir auch im Miterleben des Sonnenlaufes. Das äußere Sonnenlicht nimmt von Johanni an ab, und genau ein halbes Jahr später, nach der Wintersonnenwende, feiern wir Weihnachten, die Geburt der göttlichen Geistessonne. Um besonders auch für die kleinen Kinder die Beziehung zum Weihnachtsfest herzustellen, kann man eine alte Sitte wieder aufgreifen und aus Wiesenkräutern und Blumen am Johannistag einen Strauß pflücken, der dann getrocknet (mit den Blüten nach unten aufhängen!) an Weihnachten zum Krippenheu wird. – In der Johannis-Zeit blühen auch die sogenannten Strohblumen, die man mit den Kindern im Garten pflücken oder im Blumengeschäft kaufen kann. An einem schönen Band luftig und trocken aufgehängt, wartet das Sträußlein mit den Kindern auf die Advents- und Weihnachtszeit. – Gegen Ende der Johanniszeit beginnen die Bauern schon mit der Ernte. Auf den abgeernteten Feldern, besonders an den Rändern, bleiben trotz der modernen Maschinen Ähren liegen, die man mit den Kindern sammeln kann, um sie auch für die Advents- und Weihnachtszeit aufzubewahren (zum Beispiel für das Krippengärtchen oder die »Stufen«).

Der Johanni-Spaziergang

Für den Erwachsenen ist die Johannis-Zeit die Zeit des inneren Ringens um seelische Tugenden. Auch in der Kindererziehung haben wir schon einige Tugenden bewußt zu pflegen, auf ihre Entwicklung im Kinde bedacht zu sein. Dazu gehören insbesondere: Ehrfurcht, Verehrung und Dankbarkeit.

Ein Spaziergang am Sonntag, an den reifenden Kornfeldern entlang, während oben in der Luft die Lerchen jubilieren, kann das Kind in andächtig lauschender Stille eintauchen lassen in die Stimmung tiefer, warmer Dankbarkeit für die Gaben der Natur. Dazu ist allerdings notwendig, daß auch die Eltern diese Stimmung in sich entwickeln. Dann können sie vom Kind seelisch nachgeahmt werden. – Ein Gedicht Rudolf Steiners für Kinder faßt diese Johanni-Spaziergang-Stimmung in schönster Weise zusammen:[22]

> »Der Sonnen Licht durchflutet
> Des Raumes Weiten,
> Der Vögel Singen durchhallet
> Der Luft Gefilde,
> Der Pflanzen Segen entkeimet
> Dem Erdenwesen,
> Und Menschenseelen erheben
> In Dankgefühlen
> Sich zu den Geistern der Welt.«

Michaeli

Der 29. September ist seit dem 9. Jahrhundert als Michaelistag festgesetzt und gefeiert worden. In der Christengemeinschaft wird, wie auch an Johanni, nicht nur ein Tag, sondern eine vierwöchige Festeszeit gefeiert, denn der Erzengel Michael ist für unsere Zeit von ganz besonderer Bedeutung.

»Michael wirkt heute nicht auf der Rangstufe der Erzengel, sondern auf der der Urkräfte als der inspirierende ›Zeitgeist‹ der Gegenwart, als der führende Genius unserer Kultur. Er ist aus dem Bereich der Erzengel aufgestiegen, um eine Zeitlang, gleichsam ›von höherer Warte aus‹ und mit umfassenden Vollmachten ausgerüstet, im Sinne der Gesamtentwicklung und nicht nur für *ein* Volk seine Kraft einzusetzen.«[23]

Zu den besonderen Aufgaben Michaels gehört die Impulsierung der Menschheit, das Geistige als Realität anzuerkennen und allmählich zu erfahren, um es dann in den Taten wirksam werden zu lassen.

Die wahre Gestaltung eines Michaelsfestes für die Menschheit liegt noch in der Zukunft. Für die Kinder dürfen wir trotzdem versuchen, einiges zu gestalten und in aller Bescheidenheit bemüht sein, in ihnen Ahnungen von dem Wesen und Wirken Michaels zu erwecken.

Der Festeszeitentisch

Für den Festeszeitentisch ein passendes Bild zu finden wird nicht schwer werden, denn es gibt eine Fülle von Michaelsdarstellungen. Die verschiedenartigen Darstellungen des Erzengels ergeben erst in der Zusammenschau der Motive ein einigermaßen umfassendes Bild seines Wesens und Wirkens. Auf einzelne Motive sei hier kurz hingewiesen.

Viele Bilder zeigen *Michael als Kämpfer gegen den Drachen*, der oft auch als Teufel dargestellt ist. Michael (bedeutet: Wer wie Gott?) ist der ermutigende Helfer des Menschen in seiner Auseinandersetzung mit dem Bösen, den Widersachermächten. Auf allen guten Bildern wird man sehen: der Drache unter seinen Füßen ist nicht tot, aber die übermächtige Kraft ist gebrochen. So hilft Michael dem Menschen und schafft ihm einen Freiraum für seine eigene Aktivität, indem er die Übermacht des Bösen in die Grenzen zurückdrängt.

Michael mit der Waage ist ein anderes Grundmotiv. So taucht er auf in Darstellungen des Jüngsten Gerichts oder in Szenen, die das nachtodliche Erleben des Menschen charakterisieren. Das Böse und das Gute werden miteinander gewogen, und die Menschenseele erlebt im Nachtodlichen als Schmerz, was durch sie die Waagschale des Bösen gewichtiger machte, und als Seligkeit, was dem Guten zugerechnet werden kann.

Michael mit einer durchsichtigen Weltkugel in der Hand, die oftmals mit einem Zeichen für den Christus versehen ist, weist uns auf seinen Einsatz für die Heranbildung einer neuen Welt hin, den Aufbau des himmlischen Jerusalem, wie es uns in der Offenbarung des Johannes geschildert wird (Offenbarung 21).

Zu den seltener vorkommenden Darstellungen gehören *Michael unter dem Kreuz auf Golgatha, Michael als Seelengeleiter für die Verstorbenen* oder *Michael als Hüter an den Eingangsportalen von Kirchen.*

Eine Vielzahl von Bildern zeigt ihn im Zusammenhang mit einer Legende. In den Legenden wird erzählt, wie sein helfendes Wirken in einzelnen Menschenschicksalen erfahren wurde. (Das Wort »Legende« ist abgeleitet aus dem lateinischen legere = lesen, deuten. Eine Legende muß also mit rechtem, mit deutendem Verständnis gelesen werden.)

Aus der Bilderfülle wird man für den Festestisch wählen müssen, und wenn die Kinder älter geworden sind, wird man vielleicht mit den Darstellungen abwechseln, damit die verschiedenen Motive von Michaels Wirken jeweils einmal in den Vordergrund rücken.

»Werden die Tage kurz, werden die Herzen hell.
   Über dem Herbste strahlt leuchtend Sankt Michael.«

So heißt es in einem Gedicht von Heinz Ritter. Die im Vergehen aufleuchtende, farbenprächtige Herbstnatur gehört auf der nördlichen Erdhälfte zur Michaeliszeit hinzu. Das Leben in der Natur zieht sich zurück und vergeht in Schönheit. Michael steht am Übergang und weist den Menschen auf ein anderes Leben hin, das Leben aus dem Geiste. Ein Strauß mit bunten Blättern und Beerenzweigen auf dem Tisch gibt etwas von dieser Stimmung wieder.

Der Michaelswecken

Michael, als Diener Christi, will mit allem, was er tut, den Menschen näher an das Verständnis und die Erfahrung dessen heranführen, was der Christus für uns tat und tut. Wenn auf dem Festeszeitentisch einige Ähren stehen und unter ihnen eine schöne Weintraube liegt als Erntedank, dann wird in aller Behutsamkeit ein Bezug hergestellt zu den tiefen Geheimnissen des Christentums.

In verschiedenen Gebieten Europas kennt man die Sitte, am 29. September einen Michaelswecken oder -kuchen zu essen. Wir können diesen Brauch aufgreifen und am Michaelstag auf den Festestisch zu den Ähren und Trauben ein Körbchen mit Michaelswecken (leicht gesüßte und sinnvollerweise mit Rosinen durchsetzte Brötchen) stellen. Die Kinder dürfen natürlich beim Backen helfen. – In dem oben erwähnten Gedicht heißt es weiter:

»Sankt Michael, Herr der Zeit!
Du gibst wahres Brot und ein neues Kleid.«

Die Waage

Für das Feiern dieser Festeszeit können wir auf wenige der überlieferten Bräuche zurückgreifen. Um aber die Kinder in ein Tun miteinzubeziehen und ihren guten Willen, auf den es ja gerade in dieser Zeit ankommt, anzuregen, bietet sich folgendes an. Am Morgen des Festbeginns steht auf dem Festestisch eine Waage mit zwei Waagschalen. (Es ist nicht schwer, eine solche mit einfachen Mitteln herzustellen.) Eine Waagschale ist heruntergesunken, denn auf ihr liegt ein größerer, dunkler, eventuell gefärbter Stein. Das Kind soll nun jeden Tag dem Erzengel Michael helfen und auf die andere Waagschale ein kleines Steinchen legen, eines, das es vielleicht beim Spaziergang oder im Garten selbst gefunden hat. Es kann ein weißes Kieselsteinchen sein, eins mit einer schönen Maserung oder einer besonderen Form. Oder das Kind verwandelt mit Hilfe von Wachsfarben ein einfaches Steinchen in einen »Edelstein«. Am Abend, wenn der Tag mit all seinen Erlebnissen hinter ihm liegt, ist der günstigste Augenblick für die kleine Zeremonie des Aufwiegens gekommen. Das Kind erlebt nun mit, wie Tag um Tag die »gute« Schale schwerer wird, bis das Gleichgewicht und schließlich das sieghafte Übergewicht entstanden ist. Vielleicht kann man dem Kind auch bei Gelegenheit einmal erzählen, daß nichts, auch nicht das Kleinste, sei es auch noch so unscheinbar und von niemandem bemerkt, vom Guten verlorengeht, sondern daß es in der göttlichen Welt mit Freuden empfangen wird und die Kraft des Guten in der Welt stärkt.

In der Nacht nach dem letzten Tag der Festeszeit (am Samstag nach dem vierten Sonntag) sollten dann die beiden Schalen geleert werden und die Steine verschwinden. Man sollte sie nicht aufbewahren, sie sollten sinnvollerweise in jedem Jahr neu gesucht werden. – Die vier Wochen der Festeszeit werden damit nicht so erlebt, als ob sie allmählich in ihrer Kraft abnähmen; durch diese kleine Übung wird vielmehr eine wachsende Kraft in ihnen spürbar.

Den Drachen steigen lassen

Dieser schöne Brauch paßt so recht in die Michaeliszeit. Die etwas älteren Kinder werden gern bei günstigen Wetterbedingungen einen vielleicht mit Hilfe des Vaters selbstgebastelten Drachen aufsteigen lassen. Es ist ein herrliches Kindheitserlebnis, den oben in der Luft schwebenden Drachen unten fest in der Hand zu halten – und ihn auch herunterholen zu können! Ein Symbol, das für sich selber spricht.

Der Drache unter den Füßen

Bei Waldspaziergängen läßt sich leicht ein etwas bizarres Wurzelstückchen finden. Mit Hilfe von farbigem Bienenknetwachs und etwas Phantasie kann daraus ein Drache werden, vielleicht sogar einer mit mehreren Köpfen. Auf ihn wird dann ein ebenfalls aus Knetwachs gebildeter Michael gestellt. Die ganze Familie kann an einem Sonntagnachmittag gemeinsam daran werken, ein für die Kinder wichtiges Erleben. Auf dem Festestisch wird die kleine Plastik ihren Platz finden.

Kleine szenische Spiele

Wenn sich in dieser Zeit eine kleine Kinderschar versammelt, lassen sich auch Märchen und Legenden mit einfachen Kostümen leicht aufführen. Nachdem die Geschichte erzählt wurde, werden die Kinder verkleidet, der Ablauf kurz besprochen und das Spiel beginnt. Manchmal ist es ratsam, nur einzelne Szenen oder Begebenheiten zum Spiel auszuwählen und die Geschichte zwischendurch weiterzuerzählen. (Anschauliche Schilderungen findet man darüber auch in dem Buch von F. Lenz: Mit Kindern Feste feiern.) Da die Kinder sich leicht und schnell mit ihren Rollen identifizieren, können solche Spiele, bei entsprechender Wahl der Geschichten, etwas von den Impulsen, die diese Festeszeit bringen will, verstärken: mutig das Gute zu *tun* – Erlösung in die Welt hineinzutragen. Solche Motive findet man in Märchen wie: der Eisenhans; der Teufel mit den drei goldenen Haaren; der Trommler; die Kristallkugel; die zwei Brüder; Dornröschen (alle Brüder Grimm); die Königstochter in der Flammenburg (Zaunert); auch in vielen der russischen Märchen (siehe: Iwan Johannes, Mellinger Verlag Stuttgart). Eine Sammlung zahlreicher Legenden um Michael findet man in: Aus Michaels Wirken, Mellinger Verlag. Diese sind besonders ab dem 2. Schuljahr zu empfehlen.

Eine bewußt gefeierte Michaeliszeit wird impulsierend auf den Lebens- und Tatenmut des Kindes wirken.

Der Martinstag

Am 11. November ist der Gedenktag für Martin von Tours (geb. 316), der an diesem Tag im Jahre 397 gestorben ist. Im frühen Christentum feierte man den Todestag als »dies natalis«, den »Tag der Geburt« in der göttlichen Welt. Martin ist der Christenheit bekannt als der fromme Mann, der mit dem Bettler den Mantel teilte. Er durfte das Wort aus dem Neuen Testament in seiner Verwirklichung erfahren: »Was ihr getan habt einem unter diesen meinen geringsten Brüdern, das habt ihr mir getan« (Matthäus 25, 40). Martin ist zum Repräsentanten der christlich brüderlichen Gesinnung geworden.

Die Tage sind schon recht kurz geworden. Die Sonne geht gegen 16.30 Uhr unter. Die Sterne erscheinen für die Kinder erlebbar früh am Abendhimmel. Die schöne Sitte, die Kinder am frühen Abend mit Laternen, möglichst selbstgebastelten, singend durch die Straßen ziehen zu lassen, ist es wert, gepflegt zu werden. In der dunkler werdenden Welt leuchtet auf, was zum inneren Licht des Menschen geworden ist und werden will. Nicht von ungefähr sind die Laternen oft mit Sonne, Mond und Sternen geschmückt, die auch in den Liedern anklingen. Es geht um die Himmelskräfte, die durch die menschliche Seele auf der Erde wirksam werden wollen.

Vielerorts ist der Martinstag ein »Heische-Tag«. Die Kinder erbitten, erbetteln, erheischen während ihrer Laternenumzüge von den Bewohnern im Umkreis Gaben. Dem Wesen des Martin wäre es aber entsprechender, würde man die Kinder nicht zum erbittenden, sondern zum gebenden Tun anregen. Anstatt die Martinsgesinnung von anderen zu erwarten, wäre es ebenso sinnvoll, sie selber zu erüben. Es gibt überall genug alte, einsame, kranke oder traurige Menschen, denen ein kleiner Gruß, von den Martinslichtträgern im Vorübergehen mit-geteilt, Licht und Wärme bringen wird. Im Märchen vom »Sterntaler« lebt auch etwas von der Gesinnung, die Martin geübt hat.

Über dem Festeszeitentisch kann an diesem Tag ein Bild des Martin hängen, und auf dem Tisch können die Laternen bereit stehen. In einer Schale liegt für jedes Kind ein süßes, rundes, wohlschmeckendes »Martinsbrot«. Das Brot wartet darauf, nach einem gemeinsam gesungenen Martinslied von dem Kind mit einem Menschen geteilt zu werden.

Der Nikolaustag

Der 6. Dezember ist der Nikolaustag. Ein Tag, der von den Kindern mit Spannung und voller Freude erwartet wird. Um die Gestalt des Nikolaus, des Bischofs von Myra (gestorben 343), haben sich viele Legenden gebildet und die verschiedenartigsten Sitten entwickelt. Im folgenden werden nicht neue Gebräuche vorgestellt, sondern schon gepflegte ein wenig begründet.

Die »Legenda aurea«[24] – die goldene Legende – berichtet uns, daß Nikolaus in der Stadt Patera geboren wurde. Seine Eltern waren fromme und reiche Menschen. Der Vater hieß Epiphanius, die Mutter Johanna. Schon in der Kindheit zeichnete sich Nikolaus durch große Frömmigkeit aus. Diese führte dann zu seiner Erwählung zum Bischof von Myra. Ein Grundzug seiner Taten ist es, das Gute, das, was richtig ist, zu tun und es auf jede Weise zu unterstützen. So hilft er den Menschen, ihr Lebensschifflein auf dem richtigen Kurs zu halten. So ist Nikolaus auch als Beschützer der Seeleute und Schiffer verehrt worden. Mit seiner großen Güte und seiner zugleich klaren Entschiedenheit für das Richtige ist er zum Helfer, zur symbolischen Gestalt geworden für die Bemühungen der Menschenseele, sich auf Weihnachten vorzubereiten. Manches ist da zu loben und zu stärken – durch Äpfel, Nüsse und Lebku-

chen (er bringt natürlich noch kein richtiges Weihnachtsgebäck!); anderes muß ermahnt werden, bedarf
noch der weiteren Bemühungen. Eine kleine Rute ist
dafür der Wink. Am Morgen des 6. wird vielleicht für
jedes Kind Stärkung und Ermahnung (letzteres erst ab
fünf Jahren) dasein. Entweder auf einem Teller oder im
geputzten Schuh – einem Zeichen für die Wege, die willentlich gegangen werden. Die Eltern dürfen dann im
Auftrag des Nikolaus kräftig loben, was ihn gefreut hat,
und auch die kleinen Schwächen und Unarten, die
Gründe zur Rute, liebevoll und gütig mit dem Kind be-
sprechen und die dahingehenden Wünsche des Nikolaus ausrichten. Damit das Christkind kommen kann,
das heißt, damit es Weihnachten in der Seele werden
kann.

Irgendwann einmal wird in jedem Kind die Frage
nach dem »echten« Nikolaus auftauchen. Eine das
Kind befriedigende und der Wahrheit entsprechende
Antwort wird man in folgender Richtung suchen können: Nikolaus lebt in der göttlichen Welt und leiht sich
jedes Jahr von einem Menschen die Gestalt und Stimme, um zu den Kindern zu kommen. So soll der Nikolaus bei einem »persönlichen« Erscheinen auch nicht
nur ein »verkleideter Mensch« sein, sondern er muß
sich innerlich »echt« mit seiner Aufgabe verbinden.
Auch die Kleidung sollte würdig sein und etwas von der
Größe der geistigen Welt ausstrahlen. Die Güte eines
Wesens aus dem Himmel zu erleben, kann dann für die
Kinder so eindrucksvoll sein, daß es für den Nikolaus
gar nicht mehr nötig ist, auf ihre größeren und kleineren
Unzulänglichkeiten hinzuweisen.

Im Anhang des Buches sind zwei Geschichten abgedruckt, eine für kleinere Kinder und eine, die ab Schulalter geeignet ist.

Kupferne, silberne und goldene Nüsse

Eine Anregung für Silvester

Am Silvestertag erleben wir uns, bewußter vielleicht als sonst, zwischen Vergangenheit und Zukunft. Den Übergang vom alten zum neuen Jahr möchten viele Menschen wach begleiten. Auch die Kinder wollen – ab einem bestimmten Alter – wenigstens »etwas länger« aufbleiben. Aber mit dem Aufbleiben allein ist es nicht getan. Diese so bedeutungsvollen Stunden zwischen den beiden Jahren sollten auch gestaltet werden. Anregend dazu kann vielleicht das Folgende sein.

Die kupfernen Nüsse (für Kinder ab 8 Jahren)

Mit jedem neuen Jahr werden auch neue Aufgaben aus dem Schicksal an uns herangetragen, sozusagen aus der Zukunft. Da gibt es so manches Rätsel zu lösen, so manche »Nuß ist zu knacken«, wie man gelegentlich zu sagen pflegt. Diese Gedanken können uns anregen, das Rätselraten und Nüsseknacken, in dieser Jahreszeit ohnehin beliebt, in die Abendgestaltung einzubeziehen, indem man »Rätselnüsse« vorbereitet.

Leere, zusammenpassende Nußschalen werden kupferfarben bronziert (in der Farbe des verwandlungsfreudigen, verbindungsfähigen Metalls). Ein Rätsel und ein Band, um die Nuß später aufhängen zu können, werden hineingelegt. Dann klebt man die Nußhälften zusammen.

Die silbernen Nüsse (etwa ab 10 Jahren)

Auch der Rückblick auf das vergangene Jahr soll gepflegt werden. So manches Kostbare der Vergangenheit hebt sich dann so recht deutlich ins Bewußtsein, wenn man sich rückschauend bestimmte Fragen stellt. Der Abstand hilft uns, klarer zu sehen, oftmals wird eine weisheitsvolle Führung und Fügung erkennbar. So können für die Silvesterfeier Fragen vorbereitet werden, die dem besinnenden Rückblick dienen.

Zum Beispiel (für Kinder):
Erzähle ein wichtiges Ferienerlebnis.
Was war ein schönes Erlebnis mit einem Tier?
Wann hast du dich einmal sehr gefreut?
Hast du einmal einem anderen Menschen helfen können?

(für Erwachsene):
Gibt es ein Ereignis im vergangenen Jahr, dem du viel verdankst?
Ist dir einmal unverhofft Hilfe zuteil geworden?
Woran konntest du eine Führung in deinem Leben erkennen?

Für die Fragen werden Nußhälften versilbert. (Silber ist das Metall, das in besonderer Weise das empfangene Licht zurückspiegelt.) Mit der eingelegten Frage und dem Aufhängeband versehen werden sie zusammengeklebt. Sind sehr unterschiedliche Altersstufen zur Silvesterfeier versammelt, kann man sich bei der Verteilung dieser Fragen auch helfen, indem die silbernen Nüsse kleine Namenszettelchen tragen (z. B. am Aufhängeband anbringen). So bekommen die Kinder und die Erwachsenen die ihnen gemäßen Fragen.

Die goldenen Nüsse

Für jeden Teilnehmer wird eine goldene Nuß bereitet. Diese haben natürlich einen weisheitsvollen Inhalt, dem Wesen des Goldes entsprechend. Aus Gedichten, Liedern, Sprüchen in Prosa sucht man einige Zeilen heraus, die hinweisenden, richtunggebenden, ermutigenden, weisheitsvollen Charakter tragen. Zum Beispiel bei Angelus Silesius, Goethe, Schiller, Novalis, Morgenstern, Michael Bauer, bei allen Dichtern und Denkern findet man Worte, die wie ein kostbares Samenkorn sind. Auch schon bekannte Sätze können einem in dieser Stunde wie neu entgegenkommen.

Die kupfernen, silbernen und goldenen Nüsse werden zur Silvesterfeier zum Beispiel an den Weihnachtsbaum gehängt und dürfen von dort entgegengenommen werden. Vielleicht fängt man mit den Rätseln an – man darf sich beim Lösen wie im Leben auch gegenseitig helfen – und hört mit den goldenen Nüssen auf.

Anhang

Advent

Die Suche nach dem heimlichen König

Eine Adventslegende

Eberhard Kurras

Es ist noch nicht lange her, daß es ein Land gab, welches das größte der Erde war, denn es hatte sich fast alle
anderen Länder unterworfen. Es hatte nicht nur großen
Ruhm, sondern auch außerordentlichen Reichtum erworben, und die Bewohner des Landes mußten sich
eingestehen, daß ihnen an ihrem Glück kaum etwas
fehlte.

Eines Tages brach in diesem Lande eine seltsame
Krankheit aus. Sie ergriff erst wenige Menschen, dann
immer mehr, und schließlich wuchs sie zu einer Epide-
mie an. Sie trat so auf, daß sie eigenartige Lähmungser-
scheinungen hervorrief, nicht nur äußere, sondern auch
innere. Die Menschen, die von ihr befallen wurden,
konnten sich nicht mehr bewegen, bald nicht mehr
sprechen und schließlich nicht mehr denken... Die Bewohner des Landes gerieten in Bestürzung, daß das Unheil gerade in ihrer glücklichen Zeit ausbrach.

Als die Krankheit immer mehr um sich griff und gerade die wichtigsten Menschen befiel, rief der König
schließlich seine Räte zusammen und befragte sie, was

in dieser Not getan werden sollte. Aber über das hinaus, was die Ärzte schon versucht hatten, wußten die Ratgeber auch nichts zu sagen. Das einzige war, daß sie dem König vorschlugen, er möge im Reiche ausrufen lassen, daß derjenige, der eine Hilfe wisse, sich unverzüglich einfinden solle.

Das tat der König, und nach einiger Zeit erschien im Schlosse ein greiser Hirte. Der gab dem König einen unerwarteten Rat. Er sprach: »In dieser Not hilft dir nur eines. Sende deine Tochter zu dem heimlichen König, – der wird dir geben, dessen du bedarfst.« Als der König diese Worte hörte, fand er sie sehr unwillkommen. Seine eigene Tochter zu einem unbekannten König, der noch dazu ein heimlicher war, allein in die Welt hinauszusenden, – dagegen sträubte er sich entschieden. Aber als er bald darauf selbst erkrankte, entschloß er sich doch, dem Rate zu folgen.

Da zog nun die junge Königstochter aus und begann, den heimlichen König zu suchen. Sie wußte nicht, an welcher Stätte er wohnte, sie kannte auch den Weg dahin nicht, sie war nur von der innigsten Sehnsucht erfüllt, den Genannten zu finden und den Menschen zu helfen. Sie wanderte vom Morgen bis zum Abend und hatte noch immer nichts gefunden. Und da sie am Ende des Tages noch nichts erreicht hatte, beschloß sie, für die Nacht keine Herberge aufzusuchen, sondern draußen im Freien zu bleiben, um nicht vielleicht ein Zeichen zu versäumen. Sie erstieg noch eine Bergeshöhe, dann machte sie dort oben halt. Jetzt gewahrte sie, daß ein unendlicher Himmel in tiefstem Blau sich über ihr wölbte. Noch niemals hatte sie ihn so gesehen. Sie schaute ihn lange unverwandt an und gab sich dem erhabenen Anblick hin. Da wurde ihr immer freier und weiter, und es war ihr, als verstünde sie viele Geheimnisse der Welt... Dann fiel sie in einen tiefen Schlaf. Als sie am nächsten Morgen aufwachte, bemerkte sie zu ihrem Erstaunen, daß ein wunderbarer tiefblauer Mantel sie umhüllte.

Am nächsten Tage wanderte sie weiter. Jetzt begegneten ihr zahlreiche Menschen, die irgendeine Hilfeleistung von ihr verlangten, mitunter auch mit bösen Worten. Die Königstochter verrichtete alles, ohne zu murren oder zu erzürnen. Danach kam ihr ein Mensch entgegen, der fast nichts mehr am Leibe trug. Er verlangte, daß sie ihm etwas Wärmendes gebe. Da schenkte sie ihm ihr eigenes Kleid, denn sie sagte sich, daß sie ja den Mantel noch habe. Aber als sie darauf an sich niederblickte, da war sie mit einem neuen Kleid angetan, das schimmerte in schönstem Rot.

Als sie am folgenden Tage weiterwanderte, stellten sich viele Hindernisse ein. Die Wege wurden zunehmend schwieriger und ihre Kräfte ließen nach. Nur ihr Wille blieb fest auf das Ziel gerichtet. Sie gelangte noch auf eine Aue, die von prachtvollen Bäumen mit viel Laub und leuchtenden Früchten bestanden war; sie setzte sich unter den größten von ihnen, – dann waren ihre Kräfte erschöpft. Aber als sie so saß und in sich dachte: »Wenn ich zum Willen doch auch die Kraft hätte!« – da begann der mächtige Baum sich zu regen, er rüttelte und schüttelte sich, und es fielen zwei herrliche Schuhe hernieder, die leuchteten in warmem Gold. Als die Königstochter die Schuhe anzog, durchströmte ihre

Glieder eine Kraft, wie sie sie niemals empfunden hatte. Nun konnte sie wieder weiterwandern.

Am vierten Tage senkte sich der Weg und führte allmählich in das Innere der Erde. Erst umfing sie beängstigende Dunkelheit, dann wurde es immer heller und heller und zuletzt kam unbeschreiblich sanftes Licht. Es war ihr, als käme sie in die Herzkammer der Erde. In der Mitte des Raumes stand ein Thron, auf dem ein jugendlicher König saß, der wie eine milde Sonne strahlte. Um ihn herum standen die Geister der Natur, die Führer der Menschen und die Obersten der Engel. Die Königstochter wußte jetzt, daß sie am Ziele war. Der Thronende blickte die Jungfrau an und gewahrte, was sie an sich trug: den blauen Mantel, der sie umhüllte, das rote Kleid und die goldenen Schuhe. Dann erhob er seine Stimme und sprach zu ihr: »Ich sehe, daß du würdig bist, das Heil zu empfangen und den Menschen zu bringen.« Und er reichte ihr eine goldene Schale, die mit blinkendem Wasser angefüllt war, und ließ die Königstochter daraus trinken. Dann gab er ihr den Auftrag, sie zu den Menschen zu bringen und ihnen vom heimlichen Könige zu verkünden. Wer daran glaube, dürfe trinken und würde von der Krankheit genesen.

Die Königstochter nahm die Schale und wanderte in das Land der Menschen zurück. Als sie dort von ihrer Begegnung verkündete, wollten die meisten Menschen nicht glauben, daß es den heimlichen König gebe. Die aber daran glaubten und aus der goldenen Schale tranken, wurden von ihrer unheimlichen Krankheit geheilt.

So haben schon manche neues Leben empfangen. Es werden aber noch viele hinzukommen, wenn sie ihr

Herz der Botschaft aufschließen, daß es einen heimlichen König gibt, der das Wasser des Lebens hütet und spendet. Er wohnt unter uns und harrt der Menschen.

(Aus: Die Christengemeinschaft, Dezember 1939)

Weihnachten

Die erste Gabe

Nach dem Französischen der Gebrüder THARAUD von

GERHARD WÖHRMANN

Seit alters weiß die Legende, was um die Mitternacht im Stalle von Bethlehem geschehen ist, genau um die Mitternachtsstunde der Heiligen Nacht. Lange hat sie es geheimgehalten. Heute sollt ihr es erfahren.

Eben hatte die Jungfrau das Kind zur Welt gebracht. Zum ersten Mal bindet sie die Windeln. Der Nährvater richtet noch das Stroh in der Krippe. Nun rückt er sie leise an das Lager. Maria legt das Kind hinein, und zum Schutze zieht sie den blauen Mantel halb darüber. Esel und Rind in ihrem Winkel rühren sich kaum. In ihren Augen blinkt nur das stille Licht.

Da öffnet sich leise die Türe, wie von einem Windhauche gestoßen. Eine Gestalt, eine Frau, steht auf der Schwelle. Grau, ganz erdengrau ist sie angetan. Grau ist das Tuch, das das Haupt bedeckt, das Gesicht beschattet. Grau ist der Mantel, der von den Schultern bis auf die Füße fällt. Ur-uralt scheint sie zu sein, wie gebeugt von lange getragener Last. Als Maria sie erblickt, fühlt sie Furcht. Sollte jene da mit bösem Willen zu dem Kinde kommen? Doch Ochs und Esel bleiben ruhig wie zuvor. Friedvoll kauen sie das Heu, sie blicken zu der Fremden hin, als ob sie ihnen lang vertraut wäre. Das Kind schlummert, schlummert ungestört. Aber Maria läßt die Fremde nicht aus den Augen. Ihre langsamen Schritte – jeder dünkt ihrem klopfenden Herzen eine Ewigkeit.

Endlich steht die Uralte an der Krippe. Maria unterscheidet die beschatteten Züge. Sie sieht in die Augen, die auch sie einen Augenblick anschauen und nun auf dem Kinde ruhen. Das scheint daran zu erwachen und schlägt die Augen auf. Maria erkennt: es sind die gleichen Augen wie die im Gesicht der gebeugten Gestalt.

Die Alte neigt sich über das Kind. Ihre Hand unter dem weiten Mantel rührt sich und scheint etwas hervorholen zu wollen. Maria betrachtet sie noch immer mit der gleichen Furcht. Die Tiere blicken auch herüber, doch so gelassen, als hätten sie von Anfang an gewußt, was geschehen soll. Endlich, nach langen Augenblicken, bringt die Uralte die Hand hervor. Sie hält darin etwas ganz verborgen. Sie reicht es dem Kinde.

Was mochte vor den Geschenken der Hirten die erste Gabe sein? Maria kann sie von ihrem Lager aus nicht sehen. Sie sieht nur den vom Alter gebeugten Rücken, der sich noch mehr krümmt, indem er sich über die Krippe neigt. Ochs und Esel können es sehen. Es wundert sie nicht.

Lange dauert das alles. Endlich richtet die Gestalt sich auf, wie befreit von einem schweren Gewicht, das sie vorher zur Erde zog. Ihre Schultern scheinen nicht mehr gedrückt, ihr Haupt berührt fast das Gebälk, ihr Gesicht blickt wunderbarerweise wieder jung. Sie löst sich von der Krippe, wendet sich zur Türe und verschwindet in der Nacht, aus der sie gekommen ist. Nun erkennt auch Maria, welch geheimnisvolles Geschenk sie dem Kinde gebracht hat.

Eva – (ja, sie war es) – Eva ist gekommen, dem Kinde als Gabe den Apfel zu bringen, den Apfel der ersten Sünde, mit der alles Unheil für die Menschen hereinbrach. Und der goldene Apfel leuchtet in den Händen des Kindes, leuchtet wie das Bild einer neuen Welt, die mit ihm geboren worden ist.

(Aus: Die Christengemeinschaft, Nov./Dez. 1950)

Vom Hirten Jonas im Stall

GEORG DREISSIG

Jonas, der Hirte, lag fest in seine Decken eingehüllt im Stroh und schlief. Längst war der Sommer vorüber, waren die Weiden abgegrast. Schon im Herbst, als die Stürme über die Stoppelfelder brausten, hatte er seine Schafe zusammengetrieben und Unterschlupf mit ihnen gesucht beim Kronenwirt. Der hatte hinter dem Gasthaus eine enge Grotte, wo er seine Kuh hielt, und im Winter durften sie dort alle zusammenrücken: Jonas, die Kuh und die Schafe. Platz hatte dann keiner mehr; aber nicht einmal den Hirten störte es, dichtgedrängt mit seinen lieben Schafen zu liegen. Die Kuh war gutmütig, träumte vielleicht vom kommenden Frühling, wenn sie wieder die ganze Grotte für sich haben würde, genoß aber solange die Wärme, welche die wolligen

Mitbewohner spendeten. Scharf fuhr der eisige Winterwind ab und zu durch die weiten Ritzen des Holzverschlags, doch verlor er seine kalte Macht sogleich in dieser armen Stätte, die Mensch und Tiere gleichermaßen behauste.

Plötzlich fuhr der Hirt aus dem Schlaf auf, rieb die Augen und schaute sich erstaunt um, musterte jede Kleinigkeit des Raumes, den er doch so gut kannte, als sei er ihm im Schlaf ganz fremd geworden: die unebenen Felswände, welche die Grotte nach drei Seiten hin begrenzten und auch die Decke bildeten und welche schwarz waren von Feuern, die früher einmal hier gebrannt hatten; den Verschlag von ungehobeltem Holz, in dem die Tür wacklig in den Angeln hing und der so breite Ritzen hatte, daß man, obwohl es keine Fenster gab, doch alles beobachten konnte, was im Hofe vorging. Er befühlte das Stroh, das die nackte Erde kärglich bedeckte und klopfte prüfend an die Krippe, die das Heu für die Kuh und die Schafe hielt. »Ja, ja«, brummte er schließlich, »'s ist nur der Stall, nur unser Stall«. Dabei schüttelte er aber immer wieder ungläubig den Kopf. – Wo hatte Jonas denn gemeint aufzuwachen?

Bedächtig legte der Hirt seine Hand auf den Kopf eines Mutterschafes und begann zu erzählen. Nicht wahr, manche Leute meinen ja, es sei dumm, mit Tieren zu reden, denn sie verstünden doch kein Wort. Aber Jonas wußte es besser, und seine Schafe wußten es natürlich auch besser. Ruhig drehten sie ihm ihre Köpfe zu und lauschten dem Klang der tiefen warmen Stimme, die ihnen das Gefühl von Sicherheit und Geborgensein schenkte. »Denkt nur«, erzählte Jonas, »ich war in einem Schloß, in einem goldenen Palast. Da war ein Raum so wunderbar, wie ich noch keinen je vorher gesehen habe: die Wände von reinstem Gold, die Decke wie der Sternenhimmel, der Teppich wie ein blühender Garten mit Rosen und Lilien. Dazu wurde dort die köstlichste Musik gespielt von Musikanten, die in ihrer Art nicht zu überbieten sind. Mitten im Raum stand ein Himmelbett mit weichen Federkissen. Und denkt nur, da in diesem Federbett habe ich geschlafen so weich und so sanft wie auf Engelsschwingen. Plötzlich aber ertönte lautes Rufen: ›Der König kommt! Gebt ihm Raum!‹ Ein Diener kam gelaufen und hieß mich, ach nein, er bat mich, doch das Schloß für den König zu räumen. ›Nicht wahr, Jonas‹, so sprach er zu mir, ›für den König tust du es doch?‹ Da richtete ich mich auf. Als ich aber mit dem Fuß die Erde berührte, erwachte ich. Und jetzt ist das Schloß fort, und ich bin wieder bei euch im Stall.« Die Schafe schauten den Hirten mit ihren ruhigen dunklen Augen unverwandt an. Hatten sie verstanden? Konnten sie sich den schönen Raum im goldenen Schloß vorstellen? Noch einmal fuhr Jonas sich mit der kräftigen Hand über die Augen. Aber der Traum ließ sich nicht wegwischen. Der blieb da, und so war es auch gemeint, denn ein Engel Gottes hatte den Hirten so träumen lassen, mit gutem Grund. Draußen pfiff der Wind seine eisige Melodie. Jonas zog die Decke enger um die Schultern. Nein, diese Grotte war bestimmt kein Schloß. Aber schön warm war es hier unter den dickpelzigen Schafen. »Wir haben Glück gehabt«, stellte Jonas fest,

»Glück, daß wir hier miteinander sein dürfen. Der Winter ist ein barscher Hirt. Dem geht man besser aus dem Wege.«

Dann lugte er neugierig durch die Ritzen im Holzverschlag, denn vom Hof herüber klangen Stimmen; die Stimme des Kronenwirts etwas polternd, aber nicht unfreundlich, und die müde Stimme eines alten Mannes. Jonas konnte die beiden nicht sehen, denn die Sonne war schon untergegangen, und die Welt war grau und unterschiedslos. Plötzlich aber sah er ein Licht näherkommen, und da klopfte auch schon der Kronenwirt an die schiefe Tür und rief gedämpft und eindringlich: »Jonas, he Jonas, bist du wach?« »Ja doch, ja«, erwiderte der Hirt und öffnete den Verschlag. Die kalte Luft, die hereinfuhr, ließ ihn zusammenfahren. »Ach Jonas, guter Freund«, sprach ihn der Wirt nun an, »denk dir, es sind schon wieder Leute angekommen. Sie können keine Herberge finden, denn alle Häuser sind voll. Sie sind so müde und so schwach, ich kann sie einfach nicht wieder fortschicken. Jonas, für diese eine Nacht führe deine Schafe wieder hinaus aufs Feld. Die haben einen warmen Pelz und werden nicht frieren. Gebt den guten Leuten Raum!« Der Hirt merkte die kalte Winterluft gar nicht mehr. Staunend hatte er dem Wirt zugehört. Der Traum, den er gehabt hatte, stand wieder leuchtend vor ihm. »Kronenwirt«, fragte er schließlich fromm, »ist es der König, der Herberge sucht?« Erstaunt schaute der Wirt den Hirten an, schüttelte ungläubig den Kopf und rief: »Was für krause Dinge du manchmal sagst, Jonas. Der König in meinem Stall! Nein, nein, es sind ganz arme Leute, ein alter Mann und eine junge Frau, die ein Kind unter dem Herzen trägt. Nicht wahr, Jonas, für die armen Leute tust du es doch?« So, genau so hatte der Diener auch gefragt im Traum, schoß es dem Hirten durch den Kopf. Doch zum Kronenwirt sagte er nur: »Ich tu's.« Dann wandte er sich seinen Schafen zu und rief: »Kommt, ihr Lieben, wir müssen hinaus. Unser Palast wird für arme Menschen gebraucht.«

Durchaus nicht in Eile, aber doch willig folgten die Schafe seinem Ruf. Jonas griff nach dem langen Hirtenstab und schritt seiner Herde voraus. Er schaute sich die Fremdlinge genau an, als er an ihnen vorüberkam. Aber nein, der Kronenwirt hatte schon recht gehabt: Das war kein König, der um Einlaß bat. Jonas sah einen alten Mann mit vom Winde zerzaustem Bart, die Wangen eingefallen und rot vor Kälte. Und dort auf einem mageren kleinen Esel saß eine junge Frau im blauen Kapuzenmantel, deren Augen müde und traurig aus blassem Gesicht hervorschauten. Nein, es waren einfach arme Menschen, die dringend Obdach brauchten. »Auf, ihr Lieben, kommt ins Feld«, rief Jonas seinen Schafen zu und stapfte fester durch den Schnee. Die Kälte sollte ihm schon nichts anhaben.

Draußen vor den Toren der Stadt brannten Lagerfeuer, eins, zwei, drei, und dort saßen andere Hirten, die, um für die zahllosen Herbergssuchenden Platz zu schaffen, bessere Ställe hatten räumen müssen als Jonas. Die wärmten sich mit Feuer und guter Laune und manch leckerem Bissen, den der eine und der andere mitgebracht hatten. Jonas wurde herzhaft begrüßt, und über Liedern und Gesprächen hatte er bald seinen Traum, den Stall und die armen Leute vergessen. Es

wurde spät, ehe sich die Männer eng an ihre Schafe ge-
kuschelt niederlegten. Tiefer Schlaf umfing sie bald,
und so merkten sie gar nichts von der unendlichen, frie-
devollen Ruhe, die plötzlich alle Welt erfüllte. Nur die
Schafe hoben die Köpfe und schauten unentwegt und
unbeirrbar hinauf zum Himmel, wo die Sterne in hell-
stem Glanz leuchteten. Worauf schauten sie denn? Es
war da zuerst nichts als jene wundersame, sternklare
Ruhe. Doch mit einem Male schienen die Himmel aus-
einanderzureißen, und goldenes Licht flutete in die
Welt, Licht, dem alle Finsternis weichen mußte. Zugleich aber war die Luft erfüllt von den schönsten Wei-
sen. Die Hirten, die erwachten und traumbefangen in
die Helligkeit blinzelten, hörten die Botschaft von der
Geburt des göttlichen Kindes auf Erden, und der Lob-
gesang der Engelchöre klang mächtig in ihren Herzen
wider: »Geoffenbaret sei Gott in den Höhen und Friede
auf Erden den Menschen, die eines guten Willens
sind.« Sie sprangen auf, sie spürten keine Kälte, keine
Müdigkeit. Das Kind wollten sie sehen, dem all dieser
Jubel galt. Die himmlische Musik leitete sie zur Stadt,
führte sie zum Stall. Meint ihr, Jonas habe den Stall
wiedererkannt, die Grotte mit den schwarzen Wänden
und dem Holzverschlag? Ach nein, es sah ja alles so
ganz anders aus, denn alles war verwandelt durch die
Geburt des göttlichen Kindes. Nicht schwarz waren die
Wände des Raumes, sondern golden leuchtend, und die
Decke wölbte sich wie ein Sternenhimmel, der Boden
war ein Teppich von Rosen und Lilien. Dort in der Mitte
aber saß eine Königin in sternenbesetztem Kleide neben
einer goldenen Wiege, und in der Wiege lag auf golde-

nen Kissen ein kleines Kind, das war so wonnig und schön anzusehen, daß den Hirten ganz weh wurde ums Herz vor übergroßer Freude.

Sie knieten lange, lange an der Krippe. Erst waren sie ganz still, dann beteten sie, dann sangen sie ihre Hirtenweisen, und was sie bei sich hatten, das schenkten sie dem himmlischen Kind. Als die Männer sich endlich erhoben und wieder Abschied nahmen, da konnte Jonas nicht anders: Er mußte einfach die kleine Hand des Kindes sanft in seine große Faust nehmen und küssen. Und da hörte er ganz deutlich, wie das Kind sagte: »Danke, lieber Jonas, daß du mir Raum gegeben hast.« Verwirrt blickte der Mann auf. Hatte er die Worte gehört oder geträumt? Er wußte es nicht zu sagen. Und das ist auch kein Wunder. Wenn die Himmel zur Erde niedersteigen und wir es mit Augen sehen dürften, ich glaube, wir wüßten auch nicht zu sagen, ob wir wachen oder träumen.

Schließlich hat Jonas aber doch eine leise Ahnung davon bekommen, wo das goldene Schloß stand, das er zuerst im Traum, dann auch mit eigenen Augen in jener heiligen Nacht gesehen hat. Denn als nach einigen Tagen der Kronenwirt ihm sagen ließ, daß die Grotte nun wieder frei sei, und er mit seinen Schafen zurückzog in den Schutz des Stalles, da waren wohl die Wände so schwarz und der Holzverschlag so ungehobelt wie eh und je. Aber in der Krippe, ja, in der Krippe, da lag ein goldenes Kissen –. Verwirrt rieb der Hirt seine Augen. Ein goldenes Kissen? Ach nein, kein Kissen, aber das Heu leuchtete golden, so golden, als hätte das Himmelskind selbst darauf gelegen.

Jonas hat nie darüber gesprochen, und es hat niemand sonst das Gold gesehen, nur er und vielleicht die Schafe; doch die hüteten das Geheimnis so gut wie ihr Hirte. Manchmal aber, wenn Jonas fest in seine Decken eingehüllt im Stroh lag und schlief, hat er das Kind wiedergesehen und hat gehört, wie es sagte: »Danke, lieber Jonas, daß du mir Raum gegeben hast.«

(Aus: Die Christengemeinschaft, Dezember 1981)

Ostern

Die Zarentochter Frosch

Ein russisches Ostermärchen,
erläutert von FRIEDEL LENZ

In den Märchenausgaben der kaiserlichen Druckerei,
die in den Jahren 1901 bis 1903 in St. Petersburg erschienen, findet sich das nachstehende Ostermärchen.
Ostern ist ja für den gläubigen Russen das höchste Fest
des Heiligen Jahres. An diesem Tage begrüßt man sich
mit den Worten: Christ ist erstanden! und verbindet den
Gruß mit einem dreimaligen Kuß. Warum aber gerade
Ostern als der Höhepunkt des Jahres erlebt wird, darüber kann gerade dieses Ostermärchen Aussagen machen. Übrigens, Ostermärchen in dieser Art gibt es nur
in Rußland.

*In einem gewissen Zarenreich, in irgendeinem Reich
jenseits der blauen Meere, jenseits der hohen Berge, da
lebten einmal ein Zar und eine Zarin. Lange hatte der
Zar in der weiten Welt gelebt, hatte ein rüstiges Alter erreicht, und zu seinem Beistand hatte er drei Söhne, drei
Zaréwitsche, ganz junge unverheiratete und so kühne,
wie es nicht einmal in einem Märchen erzählt werden
kann noch sich mit der Feder beschreiben läßt. Den lieben
langen Tag tummelten sie sich auf ihren Heldenrossen,*

gleichsam wie richtige Falken in der Luft. Alle drei Brüder waren heldenschön, doch am schönsten von allen, am kühnsten war der jüngste Bruder, und den nannte man Iwan-Zaréwitsch.

Einmal berief der Zar seine Söhne zu sich und sprach zu ihnen: »*Meine lieben Kinder, ihr befindet Euch jetzt in dem Alter, wo es für Euch Zeit wird, ans Heiraten zu denken. Ihr sollt Frauen bekommen, ich aber will Schwiegertöchter. Darum nehmt Euch einen gehärteten Pfeil, damit geht hinaus auf die Wiese bis zur Gemarkung, spannt die Bogen straff und laßt die Pfeile nach verschiedenen Seiten fliegen. In welchen Hof der Pfeil niederfällt, da bringt Eure Werbung an!*«

Der älteste Bruder ließ seinen Pfeil fliegen, und er fiel auf den Hof eines Bojaren, gerade gegenüber von des Mädchens Dachstube. Es ließ der mittlere Bruder den Pfeil los, und der Pfeil flog auf den Hof eines Kaufmannes, eines reichen Mannes, und hemmte seine Bahn an der schönen Freitreppe, und auf dieser Treppe stand gerade das Herzensmädchen, die Kaufmannstochter. Iwan-Zaréwitsch schoß seinen Pfeil: hoch stieg er empor, aber außer Sehweite fiel er nieder.

Der Satz: das Zarenreich jenseits der blauen Meere, jenseits der hohen Berge darf nicht als nur künstlerische Einleitung genommen werden. Schon der Beginn des Märchens ist eindrucksvolle Bildsprache. Denn das Meer ist das Bild der schwankenden, wogenden Seelenwelt mit ihren Tiefen und Untiefen, und die hohen Berge sind Bilder der materiellen Sinneswelt, der Bodenständigen Welt. Jenseits aber ist das Geistesreich, in dem Geist und Seele leben, in dem Schicksalsziele gezeigt werden und Entscheidungen fallen. Die Märchen schildern es in immer neuen Bildern.

Zar und Zarin haben drei herrliche Söhne: aus dem königlichen Selbst (man denke an das Wort Selbstbeherrschung, inneres Königtum) und der ihm verbundenen Seele sind drei Wesenskräfte erwachsen, abstrakt gesagt: Fühlen, Denken und Wollen, im Bilde gesagt: der erste, zweite und dritte Sohn. Sie streben zur Ichwerdung, und man könnte sie nennen das Ich im Fühlen, das Ich im Denken und das Ich im Wollen. Und da der wollende Mensch die eigentlich bewegende und schicksalführende Kraft in uns ist, so sagt das Märchen: Er ist der Schönste und Kühnste. Und da er in der Nachfolge des Jüngers der Liebe leben soll, heißt er Königssohn Johannes, Iwan-Zaréwitsch.

Die drei Brüder sollten sich vermählen. Eine Braut suchen heißt die *Seele* suchen; modern gesagt, sie sollen sich beseelen, im Bilde gesagt, männliche Kräfte (geistige) sollen sich mit weiblichen (seelischen) verbinden. Dazu bedarf es eines aktiven Handelns. Man muß sich ein Ziel setzen, zielsicher handeln (den Pfeil abschießen).

Lange konnte Iwan seinen Pfeil nicht finden; er grämte sich und war betrübt. Zwei volle Tage ging er auf den Wiesen und in den Wäldern umher, aber am dritten Tage verlief er sich in einem wüsten Sumpf, und da erblickte er einen Frosch, der hatte seinen Pfeil. Am liebsten wäre Iwan-Zaréwitsch davongelaufen, und er kehrte seinem Fund schon den Rücken, doch der Frosch rief: »*Quak, quak, Iwan-Zaréwitsch, komme doch her zu mir und nimm deinen Pfeil! Sonst wirst du ewig aus dem Sumpf* nicht herauskommen.« *Wohl oder übel ergriff Iwan den Frosch, legte ihn in seinen Rockschoß und nahm ihn mit nach Hause.*

Er ging zum Vater und sprach: »Wie kann ich mir denn dieses Quak-Fräulein zur Frau nehmen? Eine Quak-Fröschin ist keine Standesgenossin für mich!«

»Nimm sie nur«, *antwortete ihm der Zar,* »kannst du denn wissen, ob das nicht so dein Schicksal ist?« *Iwan-Zaréwitsch betrübte sich und weinte, aber gegen das Schicksal kommt offenbar niemand an. Und so verheirateten sich die Zarensöhne, der Älteste mit der Bojarentochter, der Mittlere mit der Kaufmannstochter, aber dem Jüngsten setzte man die Hochzeitskrone mit dem Frosch-Fräulein auf und setzte es auf eine Schüssel. Einstweilen waren sie jedenfalls getraut. Und leben nun so dahin.*

Über kurz oder lang ruft der Zar seine Söhne und trägt ihnen auf: Eure Frauen sollen mir zu Morgen ein weißes, weiches Brot backen.

Iwan-Zaréwitsch begab sich mißvergnügt in sein Gemach, sein ungestümes Haupt hielt er tiefer als die Schultern gesenkt.

»Quak, quak, Iwan-Zaréwitsch! Was bekümmert dich denn so?« *fragt ihn seine Fröschin.* »Oder hörtest du von deinem Vater ein unfreundliches Wort?«

»Wie sollte ich mich nicht grämen? Mein Herr Väterchen verlangt von dir, du sollst ihm für morgen ein weiches, weißes Brot backen.«

»Betrübe dich doch darum nicht, Iwan-Zaréwitsch, gräme dich nicht, lege dich hin und schlafe. Der Morgen ist klüger als der Abend.«

Sie brachte den Zarensohn zu Bett, aber selber warf sie ihre Froschhaut ab und verwandelte sich in das Herzensmädchen Wassilissa Allesweiß, in ein solch schönes Geschöpf, wie es in einem Märchen nicht erzählt, nicht mit der Feder beschrieben werden kann. Sie ging zu dem schönen Treppchen und rief mit lauter Stimme: »Kommt ihr Ammen, ihr Kinderfrauchen, versammelt euch, rüstet euch aus und bereitet ein weiches, weißes Brot, wie ich es aß, wie ich es speiste bei meinem leiblichen Väterchen.« Am Morgen war das Brot der Quakfröschin längst fertig und so ausgezeichnet, wie man es nicht ausdenken, nicht ahnen kann, wie es sich nur in einem Märchen erzählen läßt. Das Brot war geschmückt mit verschiedenen Kunstwerken; an den Seiten waren sogar die Städte des Zaren zu sehen und noch dazu mit ihren Schlagbäumen.

Iwan Zaréwitsch nahm das Brot und brachte es zum Vater. Der nahm gerade die Brote von den größeren Brüdern in Empfang. Diese Brote waren allerdings recht mäßig ausgefallen, als die Frauen sie aus dem Ofen geholt hatten. Der Zar nahm zuerst das Brot von dem ältesten Sohn entgegen, betrachtete es und schickte es in die Küche. Auch vom mittleren nahm er es und sandte es gleichfalls dahin. Nun kam die Reihe an Iwan-Zaréwitsch. Der reichte sein Brot hin, und der Vater nahm es, prüfte es und spricht: »Da, das ist ein Brot, das kann man am Ostersonntag essen! Das ist ganz anderer Art wie bei den älteren Schwiegertöchtern.«

Johanneische Ziele zeigen sich nicht sogleich. Wenn das Märchen von *drei Tagen* spricht, so deutet es in einer besonderen Weise auf ein Geheimnis hin. Im Sumpf ist Erde und Wasser so vermischt, daß man das Wasser nicht als reines Element erleben kann und das Erdenhafte nicht als Festes. Der Sumpf ist gefährlich. Auch im Innern ist im übertragenen Sinne keine seelische Beweglichkeit und keine echte Beständigkeit. Wir kennen das Wort versumpfen. Und doch, der Pfeil flog in den Sumpf, das Ziel ist da, wo zwei Reiche sich mischen. Und auch der Frosch lebt zu Wasser und zu Lande in zwei Welten. – Er ist außerordentlich empfindlich für atmosphärisches Geschehen, ist er doch geradezu der Wetterprophet. Wenn er am Lande sitzt, ist er träumend der Atmosphäre hingegeben. »Ihr habt uns zum Frosch gemacht«, sagten kürzlich japanische Diplomaten zu ihren westlichen Gegenspielern als Vorwurf. Das heißt: »Ihr habt uns für Träumer gehalten, für Menschen, die den Kopf unter Wasser haben, für Stimmungsmenschen, die nicht auf dem sicheren Boden der Tatsachen stehen.« Die Braut in der Form der Froschgestalt heißt: Wassilissa lebt noch im Träumen, fühlt das Kommende, weiß, was die Zeit will, aber es ist ein instinktives Erleben.

Der König will die Frauen seiner Söhne erproben. Über Nacht sollen sie weiches, weißes Brot backen. Und siehe, Verwandlung setzt ein. Wassilissa legt die Froschhaut ab. Aus einer nur instinktiven Wesenskraft (das Tier ist ein Instinktwesen) wird sie eine *Vernunftbegabte*, *Erkennende*, also *Menschliche*. Sie gebietet den Ammen und Kinderfrauen. An einem Zarenhof gab es deren viele. In Rußland wurde ein Kind sehr lange gestillt, oft zwei Jahre lang. Die Amme blieb meist für ihr weiteres Leben im Hause. Sehr früh setzte als wesentliches Erziehungsmittel das Märchenerzählen ein. Das tat die Kinderfrau durch Jahre. Puschkin hat seiner Amme ein

Denkmal gesetzt. Milch stammt aus einem Lebewesen und ist keine unmittelbare Erdennahrung, sie ist kosmische Nahrung. Ammen und Kinderfrauen sind Bilder für schenkende, kosmisch nährende, die Geisteskindschaft behütende Seelenkräfte im Umkreis der königlichen Seele. Wichtigste Nahrung für unseren Leib ist das Brot. Was ist wichtigste Nahrung für unser inneres Wesen? So wichtig wie Brot? Würden wir Gott nicht erkennen, müßte die Seele hungern. Das Wissen allein ernährt uns nicht. Wenn Christus sagt: »Ich bin das Brot des Lebens«, gebraucht er das Bild in seinem höchsten Sinne. Über Nacht soll das Brot für den König gebacken werden: Es soll eine Geist-Erkenntnis gewonnen werden, die nicht im tagwachen Handeln erworben wird, sondern durch Hingabe an die geistige Welt. Sind wir doch nachts – und das wußten die alten Märchenerzähler – außerhalb des Leibes in einer geistigen Welt. Wassilissa und ihre Dienerinnen schaffen das Brot über Nacht: Seelenkräfte gewinnen Geist-Erkenntnis.

»Das ist ein Brot, das kann man am Ostersonntag essen.« Die östliche Kirche stellt nicht so sehr Golgatha und den leidenden Heiland in den Mittelpunkt wie der Westen. Die *Auferstehung* ist ihr zentralstes Geschehen. Brot, welches man an *Ostern* essen kann, heißt eine Geist-Erkenntnis gewinnen, die das Mysterium der Auferstehung begreift und sich damit verbindet.

Der Zar gibt seinen drei Söhnen wieder einen Auftrag: Eure Frauen sollen mir in einer Nacht ein Hemd nähen. Betrübt begab sich Iwan-Zaréwitsch heim, sein ungestümes Haupt hielt er tiefer als seine Schultern gesenkt.

»Quak, quak, Iwan-Zaréwitsch, was bekümmert dich denn so«, fragte seine Fröschin, »oder hörtest du von deinem Vater ein unfreundliches Wort?«

Antwortete Iwan-Zaréwitsch: »Wie sollte ich mich nicht grämen? Mein Herr Väterchen befahl, ihm in einer Nacht ein Hemd zu nähen.«

»Gräme dich darum nicht, Iwan-Zaréwitsch, sorge dich doch nicht unnützerweise. Der Morgen ist klüger als der Abend.«

Sie brachte ihn schlafen, warf selber dann ihre Froschhaut ab und verwandelte sich in das Herzensmädchen Wassilissa Allesweiß, in ein so schönes Geschöpf, daß es auch im Märchen nicht erzählt, nicht mit der Feder beschrieben werden kann. Sie ging zu dem schönen Treppchen und rief mit lauter Stimme: »Ihr Ammen und Kinderfrauen, versammelt euch, rüstet euch zu und näht mir ein Hemd, wie es einst mein leibliches Väterchen trug!« Wie gesagt, so getan.

Am Morgen, als Iwan-Zaréwitsch ausgeschlafen hatte, war das Hemd der Quakfröschin längst fertig und so wunderschön, wie man es nicht ausdenken, nicht ahnen kann, vielleicht nur im Märchen zu erzählen vermag. Das Hemd war geschmückt mit Gold, Silber und verschmitzten Mustern. Iwan-Zaréwitsch nahm das Hemd und brachte es zum Vater. Der Zar nahm es entgegen, betrachtete es und sprach: »Wohlan! Da, das ist ein Hemd, das man am Ostersonntag anziehen kann!« Der mittlere Bruder bringt ein Hemd, dazu bemerkt der Zar: »Damit kann man nur in die Badestube gehen.« Und von dem ältesten Bruder nahm er das Hemd und sagte: »Das kann man nur in einer schwarzen Bauernhütte tragen.« Die beiden Älteren meinten jedoch untereinander: »Nein, es ist klar, wir messen uns vergeblich mit der Frau des Iwan-Zaréwitsch; sie ist kein Frosch, sondern irgend solch eine Verschmitzte.«

Die symbolische Bedeutung des *Hemdes* ist unschwer zu erkennen, wenn man den Menschen als mehrschichtiges Wesen, als *Hüllenwesen* betrachtet; denn das Hemd ist eine Hülle, und zwar die erste, die der Leib um sich hat, und weist hin auf die erste unsichtbare Hülle. Diese, dem Seher noch schaubare, hieß die vegetative Seele, ein Ausdruck, der auf Aristoteles zurückgeht. In der Geisteswissenschaft Rudolf Steiners heißt sie heute *Lebensleib*, Bildekräfteleib, auch ätherischer Leib genannt. Dieser Lebensleib hebt den mineralischen Leib auf die Stufe der Pflanze, ihm eignet das Leben und die Erhaltung der Art (Fortpflanzung). Er ist der innere Bildner, auch der Träger unseres unterbewußten Gedankenlebens. Im Kopf werden die Gedanken gedacht, im Lebensleib leben und weben sie. Dieser ätherische Leib erstarkt an geordneten, schönen Eindrücken, das religiöse Leben, vor allem das rhythmisch gepflegte, wirkt auf ihn. Kunst gestaltet und bereichert ihn. Gute Gewohnheiten, rechte Sitten schaffen an diesem Hemd. Im Kultus erscheint es als die Alba, das über dem Talar zu tragende weiße Leinen-Gewand, Ausdruck dafür, daß der übersinnliche Mensch nun *an*-gezogen wird. Ein neues Erwachen geht in der allweisen Seele vor sich, sie schafft mit Hilfe aller ihr zu Gebote stehenden Kräfte einen neuen Lebensleib. Das Hemd ist mit Gold und Silber durchsetzt. Man könnte auch sagen: tagwaches Denken arbeitet darin (Sonnenhaftes) und nächtliche Traumoffenbarung (Mondenhaftes). Daraus entstehen geheimnisvolle Bilder (die verschmitzten Muster).

Warum kann der König es am *Ostersonntag* tragen? Weil der Mensch teilhaben soll mit seinem Wesen an dem Ostergeschehen. Dieses aber ist die Erneuerung des Menschen und der Menschheit durch die Überwindung des Todes und den Einzug eines neuen Lebensimpulses. Aus dem Verweslichen entringt sich das Unverwesliche durch Christi Heilestat. Durch lange Zeiten wurde diese Heilestat gemüthaft, gläubig hingenommen. Das Johanneische Zeitalter verlangt, daß der geistwollende Mensch tiefer in die unerschöpfliche Weisheit des Christentums eindringt; dazu bedarf es eines erneuerten Verständnisses, für welches das gewöhnliche Denken nicht mehr genügt, man bedarf dazu – wie die Bildsprache sagt – eines neuen Hemdes.

Da gibt der Zar wieder Befehl, alle drei Zarensöhne sollten vor seinem Angesicht erscheinen, aber zusammen mit den Frauen. Mißvergnügt begab sich Iwan-Zaréwitsch in sein Gemach, tiefer als die Schultern hielt er sein ungestümes Haupt gesenkt. Seine Fröschin fragt ihn: »Quak, quak, Iwan-Zaréwitsch, was bekümmert dich so? Oder hörtest du vom Vater ein unfreundliches Wort?«

Antwortet Iwan-Zaréwitsch: »Wie sollte ich mich nicht betrüben? Mein Herr Väterchen befahl, ich sollte mit dir zur Besichtigung erscheinen. Wie kann ich dich vor den Leuten zeigen?«

»Betrübe dich nicht, Zaréwitsch! Geh allein zum Zaren zu Gaste. Ich aber werde gleich hinter dir herkommen. Sobald du Rasseln und Donnern hörst, so sage: Das

ist mein Froschfrauchen, das in einem Schächtelchen fährt!«

Da fanden sich denn zur Besichtigung die älteren Brüder mit ihren Frauen ein, die sich geschmückt und herausgeputzt hatten. Sie stehen und machen sich über Iwan-Zaréwitsch lustig: »Wie, Bruder, du kamst ohne Frau? Du hättest sie doch wenigstens in einem Tüchelchen mitbringen können. Und wo suchtest du solche Schönheit nur aus? Gelt, du kamst doch wohl gerad aus dem Sumpf mit ihr?«

Plötzlich erhob sich ein großes Gerassel und Donnern. Der ganze Palast bebte. Mächtig erschraken die Gäste, sprangen von ihren Plätzen auf und wußten nicht, was sie beginnen sollten. Aber Iwan-Zaréwitsch spricht: »Fürchtet euch nicht, Herrschaften! Das ist mein Froschfrauchen, das in einem Schächtelchen gefahren kommt.«

Zu des Zaren Freitreppe kam ein goldener Wagen gefahren, mit sechs Pferdchen bespannt, und heraus stieg Wassilissa Allesweiß, so schön, wie man es nicht ausdenken, nicht ahnen, nur in einem Märchen erzählen kann. Sie nahm Iwan-Zarewitsch bei der Hand und setzte sich hinter den Eichentisch, hinter das gemusterte Tischtuch.

Die Gäste fingen an zu essen, zu trinken und sich zu belustigen. Wassilissa Allesweiß trank aus einem Glase und goß sich den Rest in den linken Ärmel. Sie aß vom Schwanenbraten und versteckte die Knöchelchen in ihrem rechten Ärmel. Die Frauen der älteren Söhne beobachteten ihre List, und flugs taten sie das nämliche. Als Wassilissa mit Iwan-Zaréwitsch tanzte, schwenkte sie den linken Ärmel, und es entstand ein See; sie schwenkte den rechten, und es schwammen Schwäne auf dem Wasser. Der Zar und seine Gäste verwunderten sich sehr. Die älteren Schwiegertöchter gingen auch tanzen, schwenkten die linken Ärmel und bespritzten die Gäste, schwenkten die rechten Ärmel, und ein Knochen fiel dem Zaren gerade ins Gesicht. Da ergrimmte der Zar und jagte sie mit Schimpf von dannen. Inzwischen paßte Iwan-Zaréwitsch einen Augenblick ab, lief nach Hause, fand die Froschhaut und warf sie ins Feuer.

Wassilissa kommt angefahren – keine Froschhaut ist mehr da. Da wurde sie verzagt und traurig und sprach: »Iwan-Zaréwitsch, was hast du getan? Wenn du nur noch ein wenig gewartet hättest, wäre ich ewig die Deine gewesen. Aber jetzt lebe wohl, suche mich hinter drei mal neun Ländern in drei mal zehn Kaiserreichen bei dem unsterblichen Koschtschej!« Damit verwandelte sie sich in einen weißen Schwan und flog durch das Fenster davon.

Der König lädt die Frauen der Söhne zum Mahle und vor sein Angesicht. Wassilissa muß sich jetzt am hellen Tage offenbaren. Kosmische Erschütterungen begleiten diese Offenbarungen, und viele werden davon beeindruckt. Selbstverständlich ist Wassilissas *Wagen mit sechs Pferden* bespannt. Sie wäre nicht die Weisheitsseele, wenn ihr nicht jener Verstand dienstbar wäre, der als Naturverstand, als Verstandestrieb in Leib und Seele waltet und im Wahrbild des Pferdes erscheint. Das königliche Mahl ist ein Schwanenessen. Erinnern wir uns, daß in Holland bis zum heutigen Tage jährlich ein Schwanenessen stattfindet, das von der Königin veranstaltet wird. Der *Schwan* ist ein *hohes Symbol*. Wappen und Wirtshausschilder zeugen davon. Der herrliche, weiße Vogel, der in königlicher Schönheit das Wasser durchzieht, auch die Luft durchsegelt, ist das Wahrbild für Wesenskräfte, die dem Übersinnlichen zugewandt in der Seelenwelt (im Wasser) urständen, aber auch zum Geistesfluge (in der Luft) sich erheben können. Im Tode soll der Schwan am schönsten singen. »Es schwant mir«, sagt die Sprache, wenn sie ein höheres Wissen ahnt, es aber noch nicht ganz begreifen kann. Den Schwan im Wappen haben hieß edle Reinheit, Seelenhaftigkeit und Geistesflugkraft als Ziel erstreben. Den Schwan essen heißt solche Wesenskräfte sich einverleiben. Das Schwanenessen des Königs ist ein Mahl von hoher symbolischer Bedeutung.

Wassilissa trinkt vom Tische des Königs und gießt den Rest in den linken Ärmel, und daraus wird ein See: Aus der Herzensseite ergießt sich seelische Fülle und schafft seelische Umwelt. Sie ißt vom Schwan und steckt die Knöchelchen in den rechten Ärmel: Auf der rechten Seite, der Tatseite, entstehen verjüngt dieselben Kräfte, Schwäne schwimmen auf dem Wasser; denn sie tanzt mit Iwan-Zaréwitsch. Wie der Fuß sich hebt im Tanze, die Erde faßt, die Erde läßt, das Leichte beherrscht und die Schwere überwindet, so sind jetzt Ich und Seele der Welt des Oben und der Welt des Unten zugewandt in voller Harmonie. Durch Nachahmung allein ist das nicht zu schaffen. Es ist *höchste Verwandlung*, an der sowohl Seele als Ich mitgewirkt haben.

Gerade dadurch aber ist das Ich erstarkt und greift nun aktiv ein in den Prozeß der Verwandlung: Iwan eilt nach Hause und verbrennt die Froschhaut. Als dritter Sohn ist er der wollende Mensch, und mit dieser Seelenbraut ist er der Geistwollende geworden. Aus dem Willen soll der Mensch lernen zu handeln; aber eine

Seelenverwandlung hat ihre Grenzen. Sie braucht Zeit und braucht das absolute Vertrauen, daß zur rechten Zeit das Rechte geschieht; denn nur die geistige Welt weiß, wann das Triebgebundene, das Tiergewand der Seele abgelegt werden darf. Letzte Verwandlung und Offenbarung ist Gnade. Auf diese Gnade hat er nicht genügend vertraut. So wird ihm die Allwissende genommen. Als Schwan entflieht sie, und es bedarf neuer Anstrengungen und neuer Wege, um sie wiederzufinden. Eine neue Entwicklung setzt ein (das vor ihm herrollende Knäuel).

Iwan-Zaréwitsch weint heiße Tränen. Es verging ein Jahr, und er sehnte sich nach seinem Weibe. Im zweiten Jahr rafft er sich auf, bittet Vater und Mutter um ihren Segen, betet zu Gott und wandert los, dahin, wohin die Augen schauen. Er wandert nah, er wandert weit, lange Wege, kurze Wege. Da läuft ihm ein uraltes Männchen über die Straße. »Guten Tag, guter Bursche«, spricht es ihn an, »wen suchst du, wohin des Weges?« – Der Zaréwitsch erzählt von seinem Unglück. »Ja, Iwan-Zaréwitsch, warum verbranntest du auch die Froschhaut? Du zogst sie dem Mädchen nicht an, so war es auch nicht deine Sache, sie abzunehmen. Wassilissa wurde durch die listige Weisheit ihres Vaters verunstaltet, er hatte sich über sie erbost und ihr den Zwang auferlegt, drei Jahre als Froschjungfrau zu leben. Hier hast du ein Knäuel, wohin es läuft, da folge ihm dreist hinterher.« Iwan-Zaréwitsch dankte dem Alten und wanderte hinter dem Knäuel her. Er geht über das freie Feld, da begegnet ihm ein Bär. »Ich möchte das Tier töten«, spricht er. Aber der Bär redet ihn an: »Töte mich nicht, irgendwann werde ich dir nützlich sein.« Er geht weiter. Siehe, da fliegt ein Enterich auf ihn zu. Der Zaréwitsch legte den Bogen an, um den Vogel zu erlegen. Aber der Vogel sprach mit menschlicher Stimme: »Töte mich nicht, ich werde dir einmal nützlich sein.«

Er hatte Mitleid und ging weiter. Da läuft ein Hase quer an ihm vorüber. Der Zaréwitsch greift abermals zum Bogen und fängt an zu zielen. Doch der Hase spricht zu ihm mit menschlicher Stimme: »Töte mich nicht, ich will dir einmal nützlich sein.« Iwan Zaréwitsch hatte Mitleid und ging zum blauen Meer. Da liegt ein Hecht auf dem Sande, und schnappt nach Luft. »Ach, Iwan-Zaréwitsch«, sprach der Hecht, »erbarme dich meiner, laß mich ins Meer!« So warf er ihn ins Meer und entfernte sich vom Ufer.

Über kurz oder lang rollte das Knäulchen zu einem Häuschen, es stand auf Hühnerfüßen und drehte sich immerfort. Spricht der Zarensohn: »Häuschen, Häuschen! Dreh dich wie früher, als die Mutter dich aufstellte, zu mir mit der Vorderseite, zum Meer mit der Hinterseite!« Das Häuschen kehrte sich mit dem Rücken zum Meer, mit der Vorderseite zu ihm.

Der Zarensohn stieg hinein und sieht: Auf dem Ofen liegt auf neun Ziegelsteinen die Baba-Jagà mit dem knöchernen Fuß, die Nase nach der Stubendecke gekehrt, und wetzt die Zähne. »Heißa Hei! Guter Bursch, warum besuchst du mich?« »Ach, du alter Hexenbart, wenn du mir als einem guten Burschen doch erst zu essen und zu trinken gäbst und mich in der Badstube hättest bähen lassen, und wenn du dann gefragt hättest!« Die Baba-Jagà gab ihm zu essen und zu trinken, dämpfte ihn in der Badstube, und der Zarensohn erzählte ihr, daß er sein Weib suche, Wassilissa Allesweiß. »Nun, ich weiß«, sagte die Baba-Jagà, »sie ist immer bei dem unsterblichen Koscht-schej. Es ist schwierig, sie zu bekommen, und es ist nicht leicht, mit dem Koschtschej fertigzuwerden. Sein Tod sitzt in der Spitze einer Nadel, aber diese Nadel ist in einem Ei, dies Ei in einer Ente, diese Ente in einem Hasen, dieser Hase in einem Kasten, und der Kasten befindet sich in einem großen Eichbaum, und diesen Baum behütet der Koschtschej wie seinen Augapfel.«

Die Baba-Jagà sagte auch, wo jener Eichbaum wüchse. Iwan-Zaréwitsch ging dorthin und weiß nun nicht, wie er zu dem Kasten gelangen könnte. Plötzlich läuft ein Bär herzu und dreht den Baum mit den Wurzeln aus. Da fiel der Kasten heraus und brach in Stücke. Heraus aus dem Kasten lief ein Hase und suchte sein Heil in der Flucht. Da war aber auch schon ein anderer hinter ihm her, der ihn verfolgte, ihn packte und zerriß. Heraus aus dem Hasen flog eine Ente und schwang sich hoch, hoch empor. Hinter sie wirft sich ein Enterich, und als er auf sie einschlägt, ließ die Ente sogleich das Ei fallen. Und das Ei fiel ins Meer. Iwan-Zaréwitsch zerschmolz in Tränen, als er das Unglück unabwendbar sah. Doch plötzlich schwamm zum Ufer ein Hecht heran und hält das Ei zwischen seinen Zähnen. Der Zarensohn nahm das Ei, zerbrach es, bekam die Nadel heraus und brach die Spitze ab. Wie sehr sich auch der Koschtschej wehrte, wie sehr er auch nach allen Seiten darauf losging, er mußte doch sterben.

Iwan-Zaréwitsch ging nun in das Haus des Koschtschej, nahm sich Wassilissa Allesweiß und kehrte mit ihr heim. Danach lebten sie lange und glücklich zusammen.

Das Knäulchen, das vor ihm herrollt, führt ihn auf das freie Feld. Eine neue Seins-Ebene ist gewonnen, die

133

Sphäre der *Freiheit*. Iwan erkennt seine Triebnatur. Als echt johanneischer Mensch ertötet er seine Triebe nicht, denn das gewaltsame Abtöten natürlicher Triebe rächt sich, sie müssen *beherrscht* und *verwandelt* werden; denn unsere Triebe können unsere besten Helfer sein. Das Knäulchen – die Entwicklung – führt ins Reich der Urseele. Die Baba-Jagà ist noch eine der drei Urmütter-Gestalten, wie das russische Märchen sie kennt. Sie repräsentiert älteste Seelenweisheit. Der Weg nach vorn und in die Zukunft muß auch die Vergangenheit einbeziehen. Eine umfassende geistige Erkenntnis ist notwendig. Wohl steht die Baba-Jagà nicht mehr voll im Leben – ihr Fuß ist verknöchert –, aber dem Fragenden gibt sie Antwort und weist den Weg zu Wassilissa. Die Alleswissende muß den Todesmächten dienen, wird vom Tode gefangengehalten. Wie wird der *Tod* in einem Auferstehungsmärchen besiegt? Zuerst muß die Todesfurcht besiegt werden, denn sie ist schuld, daß der Tod nicht mehr erkannt wird. Das Märchen sagt: In der Spitze der Nadel sitzt der Tod, und diese Spitze muß abgebrochen werden. Die Spitze der Nadel ist die auf die Spitze getriebene Furcht. Das Neue Testament spricht vom Stachel des Todes. Für den durchchristeten Menschen ist Tod Verwandlung. Die folgenden Bilder deuten diese Verwandlung an.

Die Nadel ist in einem Ei. Das Ei enthält den Keim eines neuen Lebewesens, ist Symbol fortzeugenden Lebens. Es ist in einer *Ente*, einem *Wasser*vogel. Symbol einer instinktiven Sicherheit, die Tiefen und Untiefen der ätherisch-seelischen Welt zu bestehen, nicht unterzugehen, sich von ihr tragen zu lassen.

Die Ente ist in einem *Hasen:* Symbol der Selbstlosigkeit, die keinem etwas zuleide tut, sich brüderlich einsetzt, Verfolgungen geduldig erträgt.

Dieser Hase ist in einem *Kasten* – also eingesargt.

Der Kasten ist im *Eichbaum* – im Nervenbaum.

Aller dieser Fähigkeiten hat sich der Koschtschej, der unsterbliche Knochenmann, bemächtigt. Sie müssen ihm abgerungen werden. Die Triebkräfte (Tiere), die in Freiheit erworben wurden, sind die Helfer gegen ebendieselben, die in der Unfreiheit der Todesfurcht dem Tode dienten.

Das Ei ist das Bild fortzusetzenden Lebens. Fortzeugendes Leben aber ist jenes Ichbewußtsein, das sich als Ewiges erfaßt hat und dem Tode nicht verfällt. Im sterblich erlebten Ichbewußtsein (im Ei des Todes) war die Todesfurcht auf die Spitze getrieben. Diese Spitze nehmen heißt den Tod überwinden. Das Wort des Evangeliums: Tod, wo ist Dein Stachel? klingt an. Dadurch ist die Weisheitsseele den Todesmächten abgenommen und für immer dem johanneischen Ich verbunden – im einzelnen Menschen und in der Menschheit.

Himmelfahrt

Die Löwenzahn-Predigt

HELGO BOCKEMÜHL

Liebe Kinder! Bestimmt habt ihr jetzt schon an den Wegrändern und zwischen dem jungen Gras die kleinen Blattkreise von gezahnten Blättern gesehen. Da stehen, halb liegend, halb aufgerichtet, die Blattrosetten des Löwenzahns, den man für die Hasen sucht oder den man auch gern selber als Salat ißt.

Inmitten dieser Blätter, die so schön im kleinen Kreise wachsen, steigt da und dort schon eine Knospe auf einem Stengel empor. Und mit einem Mal öffnet sie sich als strahlende goldgelbe Löwenzahnsonne. Wir würden, wenn es das nur einmal gäbe und nicht tausendfach an allen Wegen, es sicher für ein Wunder achten, daß mitten in dem grünen Blätterkreise auf einmal diese gelbe Blüte als eine Sonne aufgeht.

Und so *war* es ein Wunder – denn es geschah nur einmal, damals im Kreise der Menschen, welche die vertrauten Schüler des Christus waren, die nach seinem Tode sich allein gelassen fühlten und sich im engen Kreise an den Händen hielten –, daß in ihrer Mitte eine Sonne erblühte: Das war der Auferstandene selbst. Er erwuchs in ihrer Mitte, und sie erkannten ihn.

Die helle Sonne war er für die Jünger, die in ihrer Mitte aufgegangen war. Vierzig Tage lang leuchtete ihnen der Auferstandene. Aber was geschah dann?

Wenn ihr die schönen Löwenzahnblumen draußen seht, so wißt ihr, daß eine Blüte nach der anderen verblüht. Und ebenso habt ihr schon erlebt, was daraus wird: Es ist die Pusteblume, dieses zarte Bällchen, diese hauchdünne Kugel, die auseinanderfliegt, wenn der Wind weht oder wenn wir selber blasen.

Das ist eine eigenartige Verwandlung, daß diese sonnenhelle Blume auf einmal sich schließt und danach sich als etwas anderes öffnet, nicht als Strahlenscheibe, sondern als luftige, zarte Kugel. Und schon verweht sie.

Jetzt wächst der Löwenzahn nämlich ins Große, ins Unermeßliche. So weit, wie der Wind die Samen weht, die an ihrem feinen Schirmchen leicht fliegen können, so weit dehnt sich diese Pflanze aus! Der Wind macht den Löwenzahn himmelweit, gleich weit, wie seine Samen wehen.

Das steckt voller Wunder. Nur weil es oft geschieht und weil wir alle es wissen, meinen wir, das sei ja selbstverständlich.

Mit dem Auferstandenen aber war es so: Als er vierzig Tage in der Mitte seiner Jünger geleuchtet hatte, verwandelte sich sein Wesen, es wurde weit wie die Welt, weit wie der Himmel. Der Heilige Geist wehte sein Wesen in die Weite, es wurde weltumspannend groß.

Wenn die feinen Samen des Löwenzahns fliegen, kann man das die »Himmelfahrt des Löwenzahns« nennen. Irgendwo aber sinken diese Samenkörner wieder zur Erde, so daß dort überall später wieder Löwenzahn wächst und das Wunder sich wiederholt von der Blattrosette, der aufgehenden Blüte und der Pusteblume.

Als der Christus himmelweit wurde – man nennt das seine Himmelfahrt –, da geschah dies auch, um an vielen Stellen der Erde ähnliches geschehen zu lassen wie damals im Heiligen Lande. Seitdem ist es möglich, daß da, wo Menschen sich in seinem Namen zusammenfinden, er mitten unter ihnen ist, daß sein Wesen aufleuchtet inmitten frommer Menschen, die an ihn glauben wie einst seine Jünger.

(Aus: Die Christengemeinschaft, Mai 1976)

Johanni

Warum die Linde erst im Sommer blüht

Gerhard Klein

Vor langen, langen Zeiten, da blühte die Linde wie alle anderen Laubbäume im zeitigen Frühjahr. Es waren keine besonderen Blüten, aber sie war es zufrieden, wie es ihr gegeben war. Ihr wißt ja, daß die Linde ein Blatt hat, geformt wie ein Herz. Was ich euch jetzt erzählen will, trug sich zu den Zeiten zu, als Jesus durch die Lande zog, still und unerkannt. Alle hatten ihn lieb, viele erzählten ihm ihr Leid, und seine guten Hände linderten manchen Schmerz. Aber er war noch nicht zum Jordanfluß gegangen; – noch war der Gottesgeist nicht ganz in ihn eingezogen. Auch der liebste Freund, den er auf Erden hatte seit seiner frühesten Kindheit, Johannes, war noch nicht an den Jordan gegangen, um von der Ankunft des Heilandes der Welt zu predigen und die Menschen, die zu ihm kamen, zu taufen. Das war alles noch nicht. Jesus zog durch die Lande, arbeitete als Zimmermann und lauschte auf alles, was die Menschen ihm erzählten, und was sie ihm nicht erzählten, wußte er auch, denn er konnte in ihr Herz schauen. Johannes aber war noch in der Einöde und lauschte auf die Stimme Gottes, die ihn lehrte, was er den Menschen predigen sollte. Nur manchmal verließ er seine Höhle im Gebirge, die an einer Quelle lag. Dort wuchs wohl ein wenig Gras, sonst aber waren ringsum nur dornige Sträucher in der sengenden Sonne. Zwar trugen sie manche Frucht. Die bot ihm Nahrung. Und die wilden Bienen am Rande der Einöde schenkten ihm von ihrem Honig. So ging er wieder einmal zu den Menschen dort, wo Dörfer lagen, Vieh weidete und Äcker und Weinberge von den Leuten bestellt wurden. Unterwegs kam er bei den wilden Bienen vorbei und sagte zu ihnen: »Ihr lieben Bienen, oft habt ihr mir geholfen; wenn ich morgen wieder zurückkomme, schenkt mir wieder von eurem Honig. Ich habe gar keinen mehr in meiner Klause.« Da summten sie um ihn herum, und er hörte sie klagen: »Siehst du die grünen Wiesen mit ihren tausend bunten Blüten, in denen wir den Nektar finden, daraus wir den Honig bereiten? Aber hörst du auch den Tod die Sense dengeln?« Und wirklich, es war gerade Abend; aus jedem Hause im Dorfe hörte man das scharfe, harte Klingen: Teng, Teng, Teng. Johannes sagte zu den Bienen: »Aber ihr wißt doch, das muß sein. Sonst gibt es ja kein Heu im Winter, und die Kühe und ihre Kälbchen müssen hungern.« – »Und wir«, summten die Bienen, »finden jetzt nichts mehr, und den Honig, den wir aus den vielen, vielen Blüten bereitet haben, brauchen wir selbst für unsere Bienenkinder. Nur ein ganz klein wenig wollen wir dir dennoch geben, wenn du morgen wieder vorbeikommst, weil wir dich so gut kennen und du uns lieb hast.« Da wurde Johannes traurig, daß es immer so auf der Erde ist, daß der eine das, was er braucht, dem anderen wegnehmen muß. Denn die Wiese hätte noch lange Zeit geblüht, aber dann hätte es halt kein gutes Heu gegeben. Und wie er zum Dorfe kam, begrüßten alle ihn scheu und ehrfürchtig, denn alle wußten, daß er ein frommer Mann war, der in der Einöde lebte und mit Gott redete. Aber er achtete kaum ihres Grußes, ganz gegen seine Gewohnheit, sondern setzte sich in tiefes Sinnen versunken unter die Linde und war sehr traurig. So merkte er auch nicht, daß sein Freund des Weges kam, vor ihm stehen blieb und ihn lange ansah. Erst als eine sanfte Stimme ihn ansprach: »Johannes, warum bist du so traurig?«, schreckte er wie aus einem Traume auf, sprang sogleich auf, umarmte Jesus, und als sie nun zusammen zu dem Hause gingen, wo sie wußten, daß sie dort Herberge finden würden, erzählte er ihm alles, was er erlebt hatte, und in sein Reden hinein tönte immer aus jedem Hof, an dem sie vorbeigingen, das harte: Teng, Teng, Teng, das erklingt, wenn die Sense mit dem Hammer auf dem Eisenstock geschärft wird. Und Jesus legte begütigend seine Hand auf den Arm des Freundes und sagte: »Sei nicht mehr traurig, für jede Not gibt es eine Hilfe.«

Am anderen Morgen aber, als alle Menschen noch schliefen, da sah man Jesus bei der großen alten Linde stehen, und er legte seine guten Hände an ihren Stamm und redete lange mit ihr. Niemand aber weiß, was er zu ihr gesprochen hat.

Der Sommer kam, und die Ernte ward eingebracht. Und der Herbst kam, und die Trauben schwollen in den Weinbergen und wurden geschnitten, und der Saft strömte aus der Kelter, und der Winter kam, und das Korn wurde gedroschen, und der Flachs und die Wolle von den guten Schafen wurden gesponnen. Und an Weihnachten da kam Johannes und brachte seinem Freunde Jesus einen wunderbaren Kristall, den er im Geklüft seines Gebirges gefunden hatte. »Den schenke ich dir zum Geburtstag, so klar und rein und edel ist deine Seele«, sagte er zu ihm.

»Auch ich habe etwas ganz Besonderes für dich zu deinem Geburtstag im nächsten Jahr, aber das verrate ich dir noch nicht. Hab' Dank für den edlen Stein.«

Johannes mußte immer daran denken, was das wohl für ein Geschenk sein könnte, denn alle Menschen wußten ja, daß er gar nichts besitzen wollte, überhaupt gar nichts außer seinem rauhen Gewand, dem Gürtel darum und den Sandalen an den Füßen. Aber so sehr er auch rätselte, es fiel ihm nichts ein.

Der Winter ging vorüber, der Frühling kam, und zu allererst blühten die Bäume, noch ehe sie Blätter trieben, die Eichen und die Ulmen. Die gelben Kätzchen an den Weiden schauten hervor, und die Wiesen wurden grün. Nun müßt ihr wissen, daß alle Bäume derselben Art auf der ganzen Erde einen wundersamen Zusammenhang miteinander haben. Und nun geschah es, daß landauf, landab nur allein die Linden nicht blühen wollten. Zuerst achteten die anderen Bäume nicht darauf. Dann fingen sie an zu spotten: »Nun Frau Linde, noch nicht ausgeschlafen? Der Frühling ist da.« Aber die tat, als hörte sie nicht. Ganz leise trieben ihre Blattknospen, aber eine Blüte wollte sich nicht zeigen. Dann begannen sie zu schelten: »Was ein anständiger Baum ist, der hat im Frühling zu blühen, sonst kann er keine Früchte bringen. Ihr seid wohl plötzlich zu faul dazu?«

Die Linde ward traurig, sagte aber immer noch nichts. Zuletzt versuchten sie, ihr ins Gewissen zu reden: »Ihr wollt doch nicht aussterben? Ihr seid doch solch ein schöner Baum, euer ganzer Stamm mit allen seinen Zweigen ist wie euer Blatt ein großes Herz. Nun sputet euch aber, sonst wollen wir alle von euch nichts mehr wissen.« Die Linde bebte vor Schmerz über diese Schmach, aber rings im Land zeigte keine einzige Linde auch nur das geringste Blütchen, und da wandten sich alle von ihr ab. Niemand beachtete sie mehr, und so ging Monat für Monat ins Land, und schließlich wurde sie ganz vergessen.

Wieder kam die Zeit der blühenden Wiesen und die Zeit, da die Sonne hoch am Himmel stand, und wieder tönte von allen Seiten das harte unerbittliche Teng, Teng, Teng von dem Sensendengeln. Wieder mußten alle Blumen sterben. Da kam der Geburtstag von Johannes. Er war wieder aus seiner Einöde gekommen. Am Abend vorher war Jesus zur Linde gegangen, hatte seine guten Hände um sie gelegt, ja seine Wange an ihren Stamm geschmiegt und zu ihr gesagt: »Gute, liebe Linde, du bist treu gewesen und hast auf meine Verheißung vertraut. Nun darfst du blühen, und keiner der großen Bäume wird je solche Pracht der Blüten haben.« Da niemand mehr die Linde ansah, hatte auch niemand gesehen, wie sie übersät war mit kleinen Kügelchen, immer zwei an einem Stengel umschmiegt von einem Blättchen. Nun ging es wie ein Seufzer durch ihren Stamm, und alle die kleinen Kügelchen brachen auf, und Tausende und Abertausende von goldenen Blüten fingen an, im grünen Laub zu leuchten. Sankt Johann kam am nächsten Morgen, am vierundzwanzigsten Juni, an seinem Geburtstag, zu der Linde, gespannt auf sein Geschenk. Dorthin hatte ihn sein Freund bestellt. Von weitem schon hörte er ein Brausen, und ein süßer Duft ward vom Wind ihm entgegengetragen. Aber er merkte noch nichts. Da stand Jesus unter der Linde, hob beide Arme empor und rief ihm zu: »Johannes, schau das Geschenk zu deinem Geburtstag, die Linde blüht, wenn sonst kein Baum mehr Blüten trägt, und deine Bienen finden süßen Nektar in Fülle; schau, Johannes, und höre wie sie freudig summen.« Da ging ein Leuchten über das sonst so verschlossene, dunkle Antlitz, und er sank in die Knie und barg sein Gesicht im Gewand des Freundes und weinte, weinte Tränen der Freude und des Dankes.

So kam es, daß die Linden erst zu Johanni blühen.

(Aus: Die Christengemeinschaft, Juni 1961)

Michaeli

Der Schlüssel

ALBRECHT SCHAEFFER

Ein Wanderer, der den ganzen Erdball umkreist hatte auf der Suche nach der Stadt Gottes, weil er in seiner Jugend vernahm, daß auch diese Stadt irgendwo auf der Erde gelegen sei und daß Einlaß zu ihr erhalte, wer sie zu finden wisse, sah an einem Abend jenseits einer unermeßlichen Ebene diese Stadt wirklich unter dem Himmel liegen. Sie mußte es wohl sein, denn die Maße ihrer Türme und Kuppeln, die zwischen die Türme und Kuppeln der glühenden Abendwolken hinaufragten, überstiegen alle Maße von Menschenbauten, die der Wanderer jemals gesehen hatte.

Obgleich ihn noch eine kaum zu ermessende Wegstrecke von der Ersehnten trennte, wanderte er rüstig zu; und er wußte nicht, wie viele Stunden vergangen waren, als er, schon wankend vor Müdigkeit, aus der Nacht eine dunkle Wand aufsteigen sah. Ein winziger Lichtpunkt hatte ihn die letzte Wegstrecke geleitet, und nun erkannte er, daß es das Schlüsselloch eines mächtigen Tores war, aus dem der Lichtstrahl herausfiel.

Sogleich pochte er an; da tat sich im Tore ein Fenster auf, und er konnte drinnen in einem goldenen Dunst

Lichter und selige Gestalten mit Flügeln erkennen, die da hin und her zu gehen schienen.

Eine solche neigte sich aus dem Fenster, reichte ein Brot heraus und sagte: Nimm und iß! mit engelsmilder Stimme. Allein der Wanderer versetzte: Dank! Speise habe ich selbst und bin nicht darum gekommen, sondern ich bitte um Einlaß.

Das Fenster schloß sich sogleich; in die Finsternis schimmerte nur der einsame Strahl aus dem Schlüsselloch, und der Mann sprach: Es ist nicht das rechte Tor — der Einlaß wird anderswo sein.

Und wie sehr seine Füße und Schläfen brannten, begann er unter dieser Mauer einher zu gehen und ging viele Stunden lang. Die Mauer schien sich in einem unendlichen Kreise herum zu biegen, aber so oft auch seine Augen die Umrisse eines Tores zu erkennen glaubten, fiel aus keinem ein Schimmer heraus, und sein Pochen hallte vergeblich.

Und so fand er sich am Ende zu seinem Anfang zurückgeführt, dem glänzenden Schlüsselloch; und wieder wurde über dem tödlich Erschöpften das Fenster aufgetan, die Engelsgestalt bog sich zu ihm, reichte das Brot und sagte: Nimm und iß! mit der gleichen mildklaren Stimme.

Einlaß! rief er, fast weinend, ach, Einlaß ist, was ich begehre!

Das Fenster schloß sich zu, und in der Verzweiflungs-Entschlossenheit des Todes machte er sich abermals auf, ging und schlug an die Tore, wanderte, weinte, betete und fluchte — umsonst: von wo er ausgegangen war, da stand er am Ende wieder; und der Engel reichte das Brot.

Diesmal nahm er das Brot; denn nun war sein Hunger begierig. Und er sagte, hinsinkend am Fuß der Mauer, murmelnd schon halb im Schlaf:

Was will ein Mensch auch mehr? Ein Brot aus Gottes Stadt, und schlafen am Fuß ihrer Mauer.

Seine Hände brachen das Brot, und aus dem Brot fiel der Schlüssel, der ihm das Tor erschloß.

(Aus: Die Geheimnisse, Potsdam 1938)

Für ältere Kinder

Das Tagewerk vor Sonnenaufgang

Manfred Kyber

Es waren eine Schmiede und ein Schmied. Der Schmied aber war ein besonderer Schmied, denn sein Tagewerk lag vor Sonnenaufgang. Das ist ein sehr hartes Tagewerk. Man wird müde und traurig dabei. Man wird still und geduldig dabei. Es gehört viel Kraft dazu. Denn man lebt einsam und schmiedet in der Dämmerung.

Jetzt war es Nacht, und der Schmied war nicht in seiner Schmiede. Der Feuergeist in der Esse schlief. Nur sein Atem glomm unter der Asche und streute dazwischen einen sprühenden Funken in die Finsternis. Aber der Funke erlosch bald. Nur ein schwacher Lichtschein blieb und hastete suchend und irrend durch das Dunkel der Schmiede.

Der Blasebalg ließ seinen großen Magen in lauter griesgrämigen Falten hängen. Er sah aus wie ein dicker Herr, der plötzlich abgemagert ist. Man hätte darüber lachen können, aber in der Schmiede war niemand, der zu lachen verstand.

Der Amboß drehte seinen dicken Kopf mit der spitzen Schnauze langsam nach allen Seiten und sah sich das alte Eisen an, das heute geschmiedet werden sollte. Es war nicht viel. Nur einige Stücke. Sie lagen in einer Ecke und waren beschmutzt und verstaubt, wie Leute, die eine weite und beschwerliche Wanderung hinter sich haben.

Der Amboß ärgerte sich: »Was für ein hergelaufenes Gesindel hier zusammenkommt! Ein Glück, daß es zuerst in die Esse muß, ehe es mir auf den blanken Kopf gelegt wird. Es wäre sonst zu unappetitlich. Danke bestens. Unsereiner ist sauber.«

Der Amboß rümpfte verächtlich die große Schnauze und kehrte dem alten Eisen den Rücken zu. Der Amboß war ein Dickkopf. Er dachte nicht daran, daß er ja auch aus Eisen war und daß das alte Eisen, das so weit gewandert war, auch so blank würde, wenn es der Feuergeist erfassen und der Hammer schmieden würde. Er dachte, es gäbe bloß blankes Eisen und schmutziges und bestaubtes – von vornherein – und dabei blieb es. Er war eben ein Dickkopf, und er wußte auch nicht, wie mühsam sein Meister dies alte Eisen gesammelt hatte, um es umzuschmieden in der Dämmerung.

Das alte Eisen fühlte sich sehr erleichtert, als der Amboß ihm den Rücken gekehrt hatte und es seine abweisenden Blicke nicht mehr fühlte. Es hatte sie deutlich gefühlt, trotzdem es so bestaubt und so beschmutzt war. Nun begann es, sich flüsternd zu unterhalten.

Es waren Stücke, die dem Alter nach sehr verschieden waren. Es waren ganz alte dabei, die eigentlich in die Raritätenkammer gehörten. Es waren auch ganz junge darunter, die nur wenige Jahre auf der Welt waren. Aber in ihrer Erscheinung waren sie sich alle ganz gleich.

»Sie sind so verrostet«, sagte eine Kette teilnahmsvoll zu einem alten Schwert, »das ist eine sehr schlimme Krankheit. Sie fühlen sich gewiß nicht wohl?«

Das Schwert seufzte knarrend zwischen Griff und Klinge.

»Es ist ein altes Leiden«, sagte es, »ich habe es schon viele hundert Jahre. Es sind Blutflecke. Ich habe schreckliche Dinge gesehen auf meinem Lebensweg. Ich ging durch viele Hände. Einer erschlug den andern mit mir. Einer nahm mich dem andern fort, um wieder andre zu erschlagen. Alles Blut und alle Tränen haben sich in mich hineingefressen. Ich habe wenig Ruhe gehabt. Ich bin in Blut gewatet, und der, der das meiste Blut vergossen hat, läutete die Glocken mit denselben Händen und nannte das seinen Sieg.«

»Ich bin nur wenige Jahre alt«, sagte ein junger Säbel, »aber ich habe ganz dasselbe erlebt.«

»Ich habe andere Siege gesehen«, sagte ein alter rostiger Riegel. »Ich sah Menschen, die gesiegt hatten über sich und die Welt mit ihren Gedanken. Ich verschloß die Türe, hinter der man sie einsperrte. Sie saßen und verkamen in ihrem Kerker. Aber ihre Gedanken gingen durch die Kerkertüre an mir vorbei und gingen hinaus in alle Straßen.«

»Ich bin weit jünger als du«, sagte ein anderer Riegel, »aber ich habe dasselbe tun müssen und habe dasselbe gesehen.«

Der Feuergeist in der Esse atmete stärker, und der erste Schein der Morgendämmerung zog über das alte Eisen. Es wurde sehr verlegen und bedrückt, denn nun traten die vielen Flecke noch deutlicher hervor als im Licht des Feuergeistes, der in der engen Esse mühsam atmet. Das alte Eisen sah traurig auf seinen beschmutzten Körper und redete wirr und klagend durcheinander.

»Ich hab' einen Mörder halten müssen«, jammerte die Kette, »es war in seiner letzten Nacht. Neben ihm saß ein Mann im Talar und hatte ein Buch in der Hand, auf dem ein goldenes Kreuz draufstand.«

»Ich habe im Schlachthaus arbeiten müssen«, sagte ein langes Messer, »ich habe Tausenden von Geschöpfen ins entsetzte Auge gesehen, ehe es erlosch. Ich habe tausend Tierseelen umherirren sehen in einem Hause voll Blut und Grauen. Dabei war ein Stück von mir früher eine Perle im Rosenkranz eines alten stillen Mannes. Es war in Indien, und der alte stille Mann fegte den Weg vor sich mit schwachen Armen, um kein Geschöpf zu treten. Er nannte den Wurm seinen Bruder und bat ihn um den Segen seiner Götter. Er sprach von der Kette der Dinge. Er zeichnete das Hakenkreuz in den Sand und fingerte ergeben seinen Rosenkranz, wenn der Wind es verwehte. Die fremden Priester aus Europa höhnten den Glauben des alten Mannes.«

»Wir haben jetzt Europa und seine Kultur«, sagte der Säbel grimmig und schüttelte eine alberne goldene Troddel ab, die an ihm hing.

»Wir müssen durch viele Formen wandeln«, sagte das Messer, »das weiß ich von dem alten Mann in Indien. Nur weiß ich nicht, in welche wir kommen sollen.«

»In diesen Formen können wir nicht bleiben!« riefen alle durcheinander. »Wir sind schmutzig und voller Flecken. Wir wollen umgeschmiedet werden. Wir wollen zum Feuergeist und um eine andere Form bitten. Aber wir wollen nicht warten, bis die Sonne aufgeht. Wir wollen nicht, daß die Sonne uns so findet. Dann bescheint sie unseren Schmutz und unsere Flecken. Aber der Schmied wird nicht so bald kommen. Er schläft gewiß noch.«

Da flog ein Funke aus der Esse mitten in das alte Eisen hinein.

»Der Schmied schläft nicht. Er wird gleich kommen«, zischte der Funke, »es ist ein besonderer Schmied. Sein Tagewerk ist vor Sonnenaufgang.«

Dann erlosch der Funke.

Die Tür tat sich auf, und der Schmied kam herein. Es war ein ernster stiller Mensch mit traurigen Augen. Das kam von seinem Tagewerk. Er trat den Blasebalg, daß er alle seine Magenfalten aufklappte und ganz dick anschwoll. Der Feuergeist erwachte in der engen Esse, und der Schmied hielt all das alte Eisen ins Feuer. Dann hob er es aus der Feuertaufe und legte es auf den Amboß.

»Was wird aus uns werden – welche Form – welche Form?« fragte das alte Eisen, und das Messer dachte an den armen alten Mann in Indien.

Der Schmied schlug zu. Die Funken stoben.

Er schmiedete nur eine Form, die letzte aller Formen.
Er schmiedete die Seele des Eisens.

Es war sein Tagewerk.

Als er fertig war, stand eine glänzende Pflugschar auf der taufeuchten Erde vor der Schmiede.

Da ging die Sonne auf.

Es ist leider nur ein Märchen...

(Aus: Manfred Kyber, Gesammelte Tiergeschichten. Mit freundlicher Genehmigung des Rowohlt-Verlages, Reinbek bei Hamburg.)

Zum Martinsfest
für Kinder ab 10 Jahren

Das Brot Gottes

Fritz Lemmermayer

Hinter dem Garten, der zu Tonis freundlichem Eltern-
haus gehörte, lag am Gestade des Flusses ein kleiner
Hain mit alten, verkrümmten Weiden. Hier durfte Toni
allein spielen, nur nicht allzu nahe dem Wasser. Er hatte eine Schaufel. Damit grub er ein ungeheures Loch
und daneben einen ungeheuren Berg. Mitten in der Arbeit wurde er abgerufen, um sein vormittägiges Butterbrot und einen roten Apfel in Empfang zu nehmen.
Heiß vor Eifer, rannte er damit zu seinem Berg zurück,
der ihm nun als bequemer Armstuhl dienen mußte. Da
saß er, mit den Füßen in der Grube baumelnd, und biß
in den Apfel. Die Spuren seiner feinen Zähne blieben
darin als niedliche Zeichnung zurück. Plötzlich fiel ein
Schatten auf ihn. Er sah empor – ein junges Bürschchen
war gekommen, zerlumpt und schmutzig. Gesicht und
Hände waren schwarz. Unter der Nase befanden sich
garstige rote Flecken. Drohend erhob Toni seine Schaufel. »Geh fort!«
    Der Bub rieb sich die Augen, trat ein wenig zurück,
setzte sich Toni gegenüber und starrte ihn an. Toni kau-
te an seinem großen Butterbrot und dachte: Was für ein

glücklicher Bub! Der wird nicht täglich vom Kopf bis zum Fuß gewaschen. Freilich ist er abscheulich anzusehen. Das Waschen ist gewiß sehr langweilig, aber – man muß doch rein sein – »Du bist schmutzig!« rief Toni.

Der Kleine erhob seine Augen, kicherte und ließ Sand von einer Hand in die andere fließen. Inzwischen aß Toni an seinem Butterbrot weiter. Er bemerkte, daß die Blicke des andern gierig darauf gerichtet waren. »Butterbrot ist gut? Nicht?« fragte Toni und steckte vergnüglich den letzten Bissen in den Mund. »Hast du deines schon?«

Erstaunt stierte ihn der kleine Bub an und schüttelte den Kopf.

»Noch nicht? Nun, dann wirst du es gewiß bald kriegen.«

Der kleine Bub senkte die Lider und, dem Spiel mit dem Sand hingegeben, schüttelte er wieder schweigend den Kopf.

»Bekommst du nichts? Vielleicht bist du krank? Hast du Magenschmerzen?«

Das Kopfschütteln wurde fortgesetzt.

»Vielleicht warst du schlimm?«

Wieder tiefe Stille.

»Nun, warum kriegst du nichts zu essen?«

Der kleine Bub kratzte sich mit einer Hand den Kopf, mit der anderen rieb er die Nase. Und abermals machte er eine verneinende Bewegung.

»Warum hat dir deine Mutter nichts gegeben?«

»Weil nichts im Haus ist.«

Das kam Toni unbegreiflich vor. Nichts Eßbares im Haus! Es gab doch die herrlichsten Dinge in Küche und

Vorratskammer. Man braucht nur die Schränke zu öffnen. Der Bub, der erzählte Märchen. Wahrscheinlich strafte ihn seine Mutter.

Mit strenger Miene fragte der frühreife Toni: »Du bist gewiß schlimm gewesen. Was hast du getan?«

Der kleine Bub starrte aber wieder wortlos mit großen Augen auf ihn. Toni wurde ungeduldig. »Vielleicht hast du deine Aufgaben nicht gemacht oder deine Gouvernante geärgert?«

Abermals war die Antwort ein Schütteln des Kopfes. »Warst du ungehorsam?«

Des fremden Kindes Lippen zitterten. »Ich tu' immer, was ich will. Niemand sagt mir was.«

Toni begriff nicht und wurde beinahe zornig. »Sag' mir endlich, warum du nichts zu essen bekommen hast?«

Und wieder versetzte der kleine Bub trüb und traurig: »Weil nichts im Haus ist.«

Jetzt glaubte ihm Toni, doch war er höchst verwundert. War dergleichen möglich? Eine Mutter besaß wirklich gar nichts, um es ihrem Kinde zu essen zu geben? »Dann bist du hungrig?« fragte er.

Die Augen des anderen gaben eine deutliche Antwort. »Hätt' ich's gewußt«, versicherte Toni, »würde ich dir mein Butterbrot gegeben haben – weil ich gar nicht hungrig war.« Die letzten Worte sprach er beinahe trotzig, wie um eine aufquellende großmütige Empfindung zu verbergen. »Und warum habt ihr nichts zu Haus?«

»Es ist alles schrecklich teuer. Vater ist kränklich, er hilft in der Fabrik aus, doch kann er nicht jeden Tag arbeiten. Mutter liegt krank im Bett mit meinem kleinen Bruder.«

»Warum kauft euch der Vater nichts?«

»Wegen der Teuerung und weil er kein Geld hat.«

Toni war sehr erschrocken. Es gab also Kinder auf Erden, die ganz artig waren und deren Mütter ihnen nichts zu essen geben konnten. Toni begann, weiter zu fragen: »Betest du zu Gott: ›Gib uns heute unser tägliches Brot?‹«

Der kleine Bub verstand nicht gleich, und Toni wiederholte die Frage.

»Nein.«

Toni war wie vom Donner gerührt.

»Du bist bös! Und Gott hat recht, wenn er dir nichts zu essen gibt!« Dann dachte er angestrengt nach. »Wenn du nicht betest, dann kann dich Gott nicht erhören. Du mußt beten! Abends vor dem Schlafengehen«, so lehrte Toni, »bitte Gott, dir morgen ein Brot zu senden, und du wirst es erhalten.«

»Wo soll ich das Brot finden?«

»Oh, auf dem Tisch, neben dem Kakao.«

»Was ist Kakao? Aber auf dem Tisch – da möcht's der Vater nehmen. Mir wär's lieber, Gott steckte es ins Loch dort, neben dem Felsen am Ufer. Ich könnt' mir's holen.«

»Das ist zwar ungewöhnlich, aber nicht unmöglich. Dem lieben Gott muß nur alles genau gesagt werden.«

Noch blieb der kleine Bub im Zweifel. »Ich weiß nicht, wie ich zu Gott sprechen soll.«

Toni seufzte geduldig und kniete nieder. »Tu', wie ich tue!«

Der andere folgte. »Nun falte die Hände!« – Nach einigen mißlungenen Versuchen ging alles ganz gut. Aber wie schmutzig die Hände waren! Daran konnte Gott wahrhaftig keine Freude haben. »Sprich mir nach: Lieber Gott, ich bin sehr hungrig.«

Der kleine Bub grunzte ein bißchen dumm.

»Du mußt deutlicher sprechen: Ich bin sehr hungrig. Bitte, lieber Gott, leg' morgen früh ein Stück Brot für mich in das Loch beim Felsen am Fluß, wo Toni seine Schaufel liegen gelassen hat. Amen... So, das ist genau, da kann es keine Verwechslung geben.«

Toni nickte seinem Schüler zu und ging zufrieden heim. Abends war er sehr nachdenksam. Wie glücklich der Bub morgen sein wird! Tonis Glaube war unerschütterlich, trotzdem quälte ihn etwas.

»Mutter, gibt uns Gott immer, worum wir ihn bitten?«

»Immer, Kind, wenn es etwas Vernünftiges ist und wir es ehrlich meinen.«

Toni war beruhigt. Es war gewiß vernünftig, um Brot zu bitten, und war auch ehrlich gemeint. Toni erinnerte sich an die hungrigen Augen des Knaben. Er hatte dann einen gesunden Schlaf, träumte von Kipfeln, die groß waren wie Kuhhörner, und von Wecken, lang wie Elefantenrüssel. Er aß davon und der fremde Knabe auch. Beide lachten, und Gott lachte mit ihnen. Die Wangen wurden rot und rund...

Am andern Morgen wurde Toni wie immer gründlich gewaschen. Während des Anziehens dachte er, daß der fremde Bub den lieben Gott auch um Kleider hätte bitten sollen und daß er ihn waschen möge. Rasch schluckte Toni seinen Kakao hinunter. Um Zeit zu sparen, steckte er das gute, große, weiße Milchbrot, zu Hause gebacken, in die Tasche. »Darf ich zum Fluß gehen, Mutter?«

»Wie nötig du es hast! So geh, weil das Wetter so schön ist.« Er rannte fort, so schnell er konnte.

Wie wird das Brot Gottes aussehen? Gewiß weißer und schöner als das gewöhnliche. Toni empfand ein wenig Neid. Atemlos kam er zum Felsen und griff mit der Hand ins Loch. Er wurde blaß – es war nichts drin! Er schaute hinein, und wieder und wieder – und immer vergebens. Konnte es wahr sein?

Vielleicht hatte Gott das Brot neben das Loch gelegt. Toni suchte umher – alle Risse und Löcher durchsuchte er – ach, nichts war zu finden! Wo war Gottes Brot? Was bedeutete das? Wenn nun der kleine Bub kam und nichts für ihn da war, wird er nicht denken, daß Toni ihn getäuscht habe? Vielleicht war Gott zu beschäftigt, oder er hatte vergessen, oder das Brot war verbrannt, wie es auch zu Hause bisweilen geschah. Toni war arg verstört, der Angstschweiß perlte auf seiner Stirn.

Da sah er von weitem den kleinen Buben zum Ufer laufen – Toni bebte, kalt lief's ihm über den Rücken. Wie den andern der Mund wässern wird, und nun sollte er nichts finden! Und er würde an Gott zweifeln. Unwillkürlich langte er in die Tasche, zog rasch das Milchbrot heraus und steckte es ins Loch. Bald nachher saß der fremde Bub, gierig schlingend, behaglich auf der Erde. Gedankenvoll blickte ihn Toni an. Wahrlich, es war hart anzusehen, wie sein Frühstück so schnell zwischen den Zähnen des anderen verschwand, denn Toni selbst empfand Hunger. Aber das Gefühl beglückte ihn, daß ihm Gott dankbar sein werde, weil er dessen Versehen gut gemacht hatte. Das war doch eine Freude!

Der kleine Bub schluckte das letzte Krümchen hinunter.

»War's gut?«

»Sehr gut. Aber nicht Gott hat es hergebracht. Ich hab's gesehen, wie du's ins Loch gesteckt hast.«

Das war ein heftiger Schlag für Toni. Da, mit einem Male ging ein großes Leuchten über sein Engelsgesicht, und triumphierend antwortete er: »Freilich hab' ich's hineingesteckt, aber auf Gottes Befehl! Gott kann nicht alles selbst verrichten; er läßt sich von manchen Menschen bei seinen Werken helfen!«

Und fort sprang er – hungrig, selig und siegreich.

(Aus: Die Drei. V. Jahrgang, Heft 9, Dez. 1925)

Nikolaus

Mariens Sternenfahrt

KARL SCHUBERT

Der Bote des heiligen Nikolaus begegnete dort oben der Mutter Maria. Sie ging, so erzählte er den Kindern, von einem Stern zum andern, um Gaben für ihr Kindlein zu erbitten.

So gern möchte sie ein Hemdlein für das Christuskind bereiten, damit es sich darin einhüllen kann, wenn es zur Erde kommt.

Darum gibt ihr jeder Stern des großen Zwölfer-Reigens am Himmel goldene Fäden aus seinem Strahlenschatz. Alle hehren Kräfte des Himmels, die Sonne und die wandernden Sterne begrüßen sie und senden ihre Hilfe. Während die Erde im Laufe eines Jahres ihren Weg um die Sonne herum macht, führt Mariens Weg von Stern zu Stern. An den großen Festen, welche die Menschen auf der Erde feiern, zu Ostern, zu Pfingsten, da regen sich ihre Hände in fleißiger Arbeit, Faden legt sie auf Faden, immer wieder und wieder, sie webt ein zartes, schimmerndes Gewebe. Es glänzt hell.

Sie eilt mit ihrer Arbeit. Zur Weihnacht muß das Hemdlein fertig sein. Immer bangt sie darum, ob es ihr wohl gelingen wird, denn das Gold der Sterne will allein nicht zusammenhalten, immer wieder strahlen die schon gelegten Sternengoldfäden auseinander. Da finden sich aber die Engel der guten Kinder, die hier auf Erden wohnen, als treue Mithelfer bei ihr ein.

Sie bringen hinauf auf ihren reinen Händen die guten Taten, Gedanken und Worte der Kinder. Oben verwandelt sich all dies in Gold. Das ist das Erden-Seelengold der Kinder. Sanft glimmert es in den zitternden Fäden. Doch mit diesen goldenen Erdenfäden fügt und webt Maria die Himmelsgoldfäden zusammen und bereitet dem Christkinde das Hemdlein für die Weihenacht. Alle guten Kinder können also ihre Mithelfer werden.

> Über Sterne, über Sonnen
> Leise geht Mariens Schritt,
> Lauter Gold und lichte Wonnen
> Nimmt sie für ihr Kindlein mit.
>
> Wenn Maria heilig schreitet,
> Von der Sterne Chor geschaut,
> Wird von ihrer Hand bereitet,
> Was zur Weihnacht niedertaut.

Sankt Nikolaus und das Weihnachtsfest

Diese Wiedergabe beruht auf Anregungen
von RUDOLF STEINER

Es war einmal ein Vater, der lebte mit seinen drei Töchtern am äußersten Ende einer Stadt, wo die Häuser standen, in denen die Armen wohnten. Diesem Manne und seinen drei Kindern ging es sehr schlecht. Sie konten nichts verdienen, trotzdem sie sich überall nach Arbeit umgesehen hatten, und mußten hungern und frieren. Es war bitter kalt, der Sturm brauste über die Dächer hin, und es fiel Schnee. Eines Abends kam der Vater nach Hause und war ganz verzweifelt. Er war sehr mürrisch zu seinen Kindern und an diesem Abend auch rauh. Er sagte zu den drei Töchtern: »Morgen müßt ihr ganz zeitig aus dem Hause, und keins von euch darf mir wiederkommen, ohne daß es Geld mitbringt. Wie ihr zu dem Geld kommt, das ist eure Sache, ob ihr dafür arbeitet, oder ob ihr eine Sünde begehn müßt, um es zu erlangen, das soll mir gleich sein.« Als die Kinder das hörten, waren sie sehr traurig. Sie waren an diesem Abend nicht nur hungrig und frierend zu Bette gegangen, sondern sie fürchteten sich auch vor dem Bösen, dem sie rettungslos überliefert schienen. So war es denn kein Wunder, daß sie weinten, bis sie einschliefen. Unterdessen heulte draußen der Schneesturm.

In dieser selben Stadt, oder eigentlich nicht in der Stadt, sondern schon davor am Waldrand, lebte in einem kleinen Häuschen ein ehrwürdiger Greis. Er lebte da ganz allein und hatte niemand bei sich als seinen Knecht. Der diente ihm zu Botengängen, und er schickte ihn des öfteren in die Stadt. Dieser Knecht hieß Rupprecht. In dieser Stadt kannten die Leute den Knecht Rupprecht gar wohl, und sie hielten ihn für einen mürrischen Gesellen. Er ging bei den Leuten umher, guckte in alle Stuben, machte sich auch an die Kinder heran, fragte, ob sie brav wären, klopfte wohl auch manchmal mit seiner Rute so derb an die Fenster, daß die Kinder nicht recht wußten, ob es Schnee und Eis war, das der Wind an die Fenster wehte, oder ob es die Rute des Knecht Ruprecht sei. Aber im Grunde genommen war dieser Knecht Ruprecht recht gutherzig und versteckte nur sein gutes Herz durch solches Gebaren vor den Augen der Welt. Denn er hatte von seinem Herrn den Auftrag, überall in der Stadt herumzugehen, um zu erforschen, wo Menschen sind, denen geholfen werden muß. Sein Herr, der den Namen Nikolaus trug, machte sich eine besondere Freude daraus, dann im gegebenen Falle diese Hilfe zu leisten.

An dem Tag, von dem unsere Erzählung handelt, war nun Knecht Ruprecht wiederum einmal nach der Stadt gegangen. Bei der Nachbarsfrau hatte er Erkundigungen eingezogen über den Vater und seine drei Töchter. »Oh, mein«, hatte die Frau gesagt, »das sind arme Leute, die haben kaum eine Brotrinde zum Nagen, und die armen Würmer erfrieren fast in der Winterszeit.« Damit hatte der Knecht Ruprecht erfahren, was er als Botschaft für seinen Herrn brauchte, und ging mit langen Schritten dem Walde zu.

Der ehrwürdige Nikolaus empfing seinen Knecht und ließ sich von ihm erzählen. Und als er die Geschichte vernommen hatte, warf er seinen langen, weißen Schafspelz um und stand nun da mit seinem langen, weißen Barte und mit seinem langen, weißen Gewand wie der Winter selbst. Der Knecht Ruprecht fragte ihn: »Ei, Herr, wollt Ihr heute noch nach der Stadt? Es ist schon finster, und der Schneesturm heult.« Aber Nikolaus sagte nur: »Sorge, daß die Stube warm ist, wenn ich wieder heimkomme, und gehab dich wohl!« Dann schritt er hinaus in den Schneesturm. Der brauste über seinem Haupte, und er konnte deutlich im Gewölk den wilden Reiter erkennen, der inmitten der jagenden Wolken eine ungeheure Schar von Toten führte. Es waren die Toten des verflossenen Jahres. Die brausten mit dem Sturmwind dahin und jagten im Gewölk und Schneegestöber über die Dächer der Stadt. Nikolaus brach sich am Waldrand einen Ast ab. Es war, glaube ich, ein Tannenreis mit Zapfen dran. Den trug er über der Schulter, denn er trennte sich ungern von seinem Walde, und wenn er in die Stadt ging, wollte er wenigstens etwas von diesem Walde bei sich haben. Nachdem er lange gewandert war, zuerst durch den Wald, dann über die Felder, zuletzt durch die Straßen der Stadt, kam er in das Viertel, in dem die Armen wohnten, fand auch das Häuschen, wo die drei Mädchen schliefen. Da stand er nun in seinem langen, weißen Mantel und mit seinem Aste, während der Schnee in dichten Flocken herniederfiel und der Dezembersturm an die Fenster klirrte. Unter seinem Mantel trug er einen mächtigen Beutel, der war mit lauter Goldstücken gefüllt, die hatte er mit Vorbedacht zu sich gesteckt. Jetzt heulte der Sturm wie nie zuvor. Er riß einen Fensterladen auf, und das Fenster klirrte. Nikolaus warf den Beutel mit dem Golde durch das zerbrochene Fenster, durch das die Windsbraut in das Zimmer hineinjagte. Dann wandte er sich zum Gehen und eilte heimwärts.

Eines der drei Mädchen aber erwachte und trat zum Fenster. Als es nun hinaussah in die weiße Nacht, da hatte sich der Sturm gelegt; die Wolken jagten noch in den Höhen, aber unten war es still geworden, und tiefer Schnee bedeckte Feld und Flur. Kein Laut war mehr

hörbar. Als das Mädchen so in die weiße Nacht hin-
ausschaute, bemerkte es, am Fenster stehend, plötzlich
einen ungewöhnlichen Gegenstand zu seinen Füßen.
Es bückte sich und fand den Beutel mit den Goldstük-
ken. Wer hat wohl diese gebracht, dachte das Mädchen
bei sich. Am nächsten Morgen konnte es den Schwe-
stern und dem Vater das Gold zeigen, und sie sahen, daß
sie gerettet waren.

So verging einige Zeit. Die Mädchen fanden auch Arbeit, konnten selbst etwas verdienen und ließen sich zur
Lehre sein, was es bedeutet, in der höchsten Not uner-
wartet Hilfe zu bekommen, und dachten: So wie uns geholfen worden ist, wollen wir auch andern helfen.

Darüber verstrichen nun Jahre. Nikolaus war über
100 Jahre alt geworden, aber dann kam auch seine Zeit
und er starb. Ungekannt, aber doch von vielen geliebt,
denen er Wohltaten erwiesen hatte und die er vor Sünde
bewahrt hatte, ging er in das andere Leben hinüber. Engel trugen ihn zum Himmel empor. Als er an die Him-
melstüre kam, stand dort ein Wächter, der Türhüter,
der nickte ihm freundlich zu und sagte zu ihm:
»Kommst du auch zu uns, Nikolaus? Hier gibt es für
dich nichts zu tun. Hier brauchst du niemanden vor
Sünde zu bewahren! Dein Geschäft führt dich auf die
Erde. Darum sollst du auch nicht das ganze Jahr hier
oben im Himmel wohnen, sondern wenn die Dezemberstürme kommen, dann sollst du herabsteigen und
den Menschen dienen.« Und so geschah es.

Wenn die Dezemberstürme über das Land brausten,
dann war Nikolaus wieder auf Erden und sein Knecht
Rupprecht mit ihm. Wiederum ging Knecht Rupprecht

durch die Kinderstuben, machte ein grimmiges Gesicht und hatte doch ein gutes Herz und erforschte, welches Geschenk einem jeden Kinde nötig sei, um es vor Sünde zu bewahren. An dem Tage, an welchem einst die drei Mädchen gerettet worden waren, am 6. Dezember, trat er jedes Jahr in die Stuben der Kinder. Nikolaus aber brachte seine Geschenke am 24. Dezember. Denn das Merkwürdige war geschehen, daß der Tannenzweig, den er in seiner Hand hielt, jedesmal, wenn er wiederum vom Himmel auf die Erde herunterstieg, mächtiger und größer wurde, und etwa seit 100 Jahren ist er so groß geworden, daß ein richtiger Baum, unser Weihnachtsbaum daraus geworden ist.

Eine alte Sage berichtet, dieser Baum sei eigentlich der Paradiesbaum, und einstmals hätten Adam und Eva davon gegessen und seien in die erste Sünde verfallen. Und diese Sage wird ja wohl auch Nikolaus gekannt haben. Aber er wollte gerade diesen Baum verwandeln. Und das ist ihm ja auch gelungen. Und so ist er denn der Erfinder des Christbaums geworden. Der hat sich nun eingebürgert in unseren Landen.

Das ist der Zusammenhang zwischen dem Nikolausfest am 6. Dezember und dem Weihnachtsfest am 24. Dezember, und das eine ist die Vorbereitung zum anderen. Vielleicht kann dieser Zusammenhang sich wiederum einbürgern und vielen Menschen die Meinung benehmen, als ob Knecht Rupprecht recht böse wäre. Das ist er nicht. Seine Rute ist nur eine äußere Maske, hinter der er sein gutes Herz versteckt. Denn eigentlich will er nur erforschen, was jedes Kind zu Weihnachten als Geschenk nötig hat, damit es recht gut bleibe. Nikolaus aber behütet das Weihnachtsfest, von dem er meint, daß es noch immer lebendig ist und daß es noch ungeahnte Entwicklungsmöglichkeiten in sich trägt. Knecht Rupprecht aber geht durch die Welt, und mancher, der groß geworden ist, lernt ihn noch kennen und seine Rutenschläge in der Gestalt des allwaltenden Schicksals. Aber dieses Schicksal sieht oft nur bärbeißig und grimmig aus, und seine Rutenstreiche sind nur dazu da, daß der Helfer der Menschheit erkenne, was er zur Weihnachtszeit den Menschen bringen muß, damit sie gut bleiben. Den Kindern schenkte Nikolaus mitten im Winter die Gaben des Herbstes: Äpfel, Nüsse und Süßigkeiten. Den großen Menschen bringt er die Gaben der in unzähligen Lichtern aufleuchtenden Geistigkeit, die da aufglänzen, wenn die Blätter fallen. Noch viele Möglichkeiten trägt das Weihnachtsfest in sich, und wenn die Dezemberstürme über die Dächer brausen, spähen aus dem Herbststurm heraus die Toten, wie viele Lichter am Weihnachtsbaum der Menschheit vorbereitet werden, um, wenn die Zeit gekommen sein wird, weithin leuchtend zu erglänzen.

(Aus: Die Christengemeinschaft, Nov./Dez. 1950)

Engel und Hirten

*Ein Weihnachtsgespräch zum Aufsagen
für zwei und mehr Kinder*

Aus Oberösterreich

Die Engel:
Ihr Hirten, wollt ihr nicht nach Bethlehem gehn.
Das größte der göttlichen Wunder zu sehn?

Die Hirten:
Vernehmt ihr die Stimmen? Vernehmt ihr das Wort?
Was ist denn geschehen am heiligen Ort?

Die Engel:
Die Himmel verkünden des Höchsten Gewalt,
Gott wandelt auf Erden in Menschengestalt.

Die Hirten:
Wer mag das begreifen? Wie kann das wohl sein?
Ist denn für die Gottheit der Mensch nicht zu klein?

Die Engel:
Der Herrgott ist gütig, der Herrgott ist mild,
Er zeigt uns im Sohne ein liebliches Bild.

Die Hirten:
Wenn das ist, ihr Hirten, so säumet euch nicht!
Wie herrlich ist, was uns die Stimme verspricht!

Die Engel:
Euch größer zu machen, macht Gott sich so klein,
Dort schließt er als Kind sich zu Bethlehem ein.

Die Hirten:
Das ist wohl der Heiland, das ist wohl der Hirt,
Der Juda erlösen und heiligen wird?

Die Engel:
Nicht Juda allein! – Er erlöset die Welt.
Wenn ihn sich die Menschheit zum Führer erwählt.

Die Hirten:
Wenn Gott sich erbarmet, wenn er uns erwählt,
So jauchzet, o Engel, so jauchze, o Welt!

Die Engel:
Gott hat sich erbarmet, Gott ladet euch ein,
Von nun an nur liebende Brüder zu sein!

Die Hirten:
Ist dieses kein Irrtum, ist dieses kein Traum,
O Juden, o Heiden, das fasset ihr kaum!

Die Engel:
Es glaube die Einfalt, – es denke, wer kann!
Zum Vater der Liebe führt beides hinan.

Die Hirten:
Die Botschaft ist herrlich, die Botschaft ist groß,
Sie bietet der Menschheit ein göttliches Los.

Auf der Flucht nach Ägypten

Erster kleiner Engel:
>   Will schauen nachts
>   vom Himmel fern
>   hinab auf dich
>   als heller Stern.

Zweiter kleiner Engel:
>   Will schützen dich,
>   wenn einst das Schwert
>   des Christuskindleins
>   Tod begehrt.

Dritter kleiner Engel:
>   Will helfen dir,
>   wenn auf der Flucht
>   Herodes dich
>   zu töten sucht.

Alle drei Engel:
>   Es schützen dich
>   vor den Gefahren
>   vom Himmel her die Engelscharen
>   und weisen dir
>   durch Wüstensand
>   den Weg hin nach
>   Ägyptenland.

Ernst Bühler

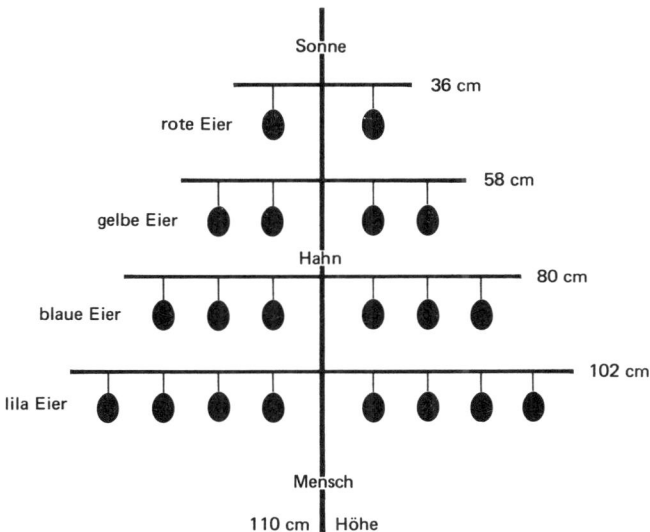

Sonne

36 cm

rote Eier

58 cm

gelbe Eier

Hahn

80 cm

blaue Eier

102 cm

lila Eier

Mensch

110 cm | Höhe

Anleitung zur Herstellung eines Osterbaumes

Material: Vierkanthölzer, etwa 1,5 cm Seitenlänge.
Das Holz auf die angegebenen Maße zurechtschneiden.
An den Kreuzungspunkten die Hölzer verbinden. (Schrauben, na-
geln, binden, oder auch auf fachmännischere Art!)
Das Gestänge grün anmalen.
Als Ständer kann ein Christbaumständer dienen.
Die einzelnen Hölzer mit Buchs, Lebensbaum (alles Immergrüne ist
geeignet, notfalls auch Tannengrün) gleichmäßig, aber nicht zu dick
bedecken und mit Hilfe eines grünen Fadens oder mit dünnem Draht
befestigen.
Die ausgeblasenen und gefärbten Eier lassen sich mit Hilfe eines hal-
ben Streichholzes gut aufhängen. Um die Mitte des Hölzchens wird
ein Faden geknotet und das Ganze vorsichtig in das Ei geschoben. –
Die Farben der Eier werden besonders schön, wenn man sie mit
Wachsmalstiften aufträgt.

Oster-Gebildbrote

Die Getreidearten, aus denen unser tägliches Brot gebacken wird, sind unter den Pflanzen ganz besondere »Sonnenkinder«. Bis in die Einzelheiten ihrer Gestalt und ihrer Wachstums- und Reifungsprozesse offenbaren sie ihre starke Lichtbezogenheit. Die Gebildbrote sind von Hand geformte, gebildete (also nicht ausgestochene oder mit dem Model hergestellte) Gebäcke in mancherlei Gestalt. Es gibt eine Fülle von Formen. Für Ostern nimmt man vornehmlich Sonnensymbole, denn am Ostermorgen geht nicht nur die äußere Sonne, sondern auch die Sonnenglorie des Auferstandenen über der Erde und Menschheit auf.

Das Gebildbrot kann salzig oder süß sein, große oder kleine Formen haben. Die großen ißt man zum Beispiel als Frühstücks- oder Abendbrot und kann sich dadurch des Segens, der im täglichen Brot waltet, einmal in besonderer Weise bewußt werden. Die kleinen Brote stehen vielleicht als Festgebäck auf dem Osterfestestisch.

Die Formen sind nicht schwer zu bilden: eine Teigrolle machen und die Form gleich auf das Backblech legen. Die Kinder helfen sehr gerne dabei mit, das ist für sie in der Karwoche ein sinnvolles Tun zur Vorbereitung auf Ostern. Das kleine Gebildbrot hält sich gut und schmeckt auch trocken vorzüglich.

Mit einem Zweiglein, an dem ein ausgeblasenes und bemaltes Osterei hängt, und mit einem selbstgeformten Gebildbrot können die Kinder in der Osterzeit auch anderen Menschen eine Freude bereiten.

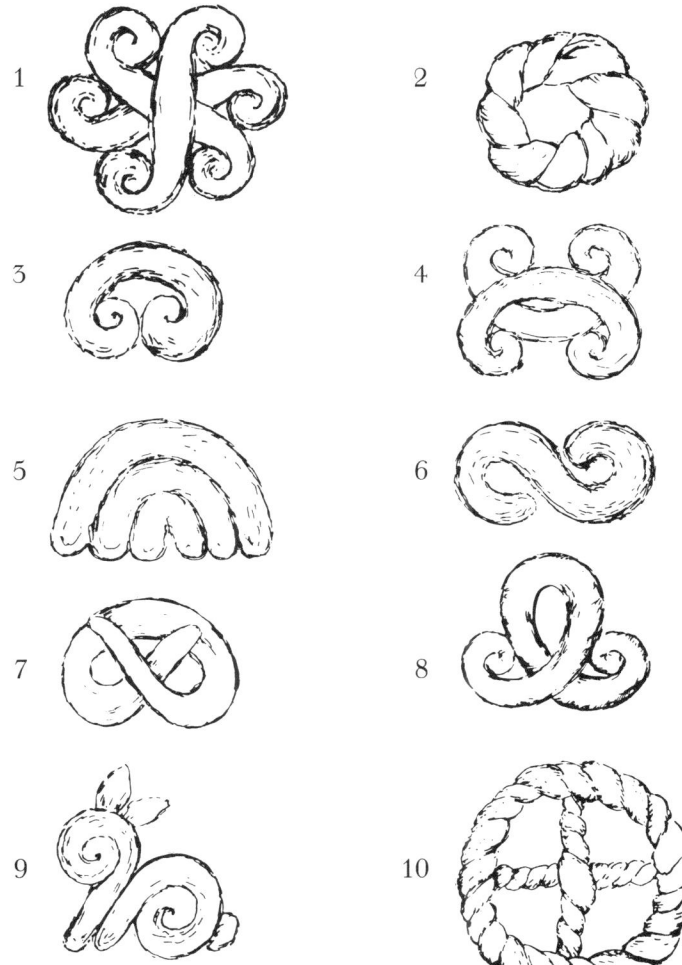

1

2

3

4

5

6

7

8

9

10

Die Symbole der abgebildeten Gebildbrote bedeuten:

1 Sonnenrad
2 Sonnenkreis (aus zwei Teigrollen gedreht)
3 Sonnenbogen
4 Frühlingswiege mit Sonnenbogen
5 Sonnenbögen (kleiner Bogen: Winter; mittlerer: Frühling/Herbst; großer: Sommer)
6 Das Auf und Ab des Sonnenlaufes
7 Brezel (»durch die Drei die Sonne sehen« oder: betend übereinandergelegte Arme)
8 Sonnenbauge (Wiederkehr der Sonne zu neuem Leben)
9 Hase
10 Sonne mit Kreuz

Zeichnungen: B. Reichle

Rezepte:

1. Mürbeteig: 500 g Mehl, 135 g Butter, 100 g Zucker, 3 Eier, 1 Eßlöffel Dosenmilch, 1 Vanillezucker, ein wenig Salz, Abgeriebenes einer Zitrone oder Orange, ½ Backpulver. Alle Zutaten zusammenkneten. Den Teig eine Stunde zugedeckt kühl ruhen lassen.

2. Hefeteig: 400 g Mehl, 100 g Butter, 1 Ei, (50 g Zucker), ein wenig Salz, 20 g Hefe, Milch nach Bedarf, Abgeriebenes einer Zitrone oder Orange. Wie alle Hefeteige behandeln.

Russischer Ostergruss

(auch als Kanon zu singen)

Der Herr ist auf - er - stan - den, er

ist wahr - haf - tig auf er - stan - den

Hal - le - lu - ja. Hal - le - lu - ja.

Anmerkungen

1 Zitiert aus: R. Steiner, »Zeichen und Symbole des Weihnachtsfestes«, Vortrag vom 14. 12. 1905. Dornach 1991.

2 Novalis Verlag AG, Schaffhausen.

3 Eine Fundgrube für Gedichte und Sprüche ist das Buch »Licht vom unerschöpften Lichte« von A. Soeder u. Chr. Rau, Verlag Urachhaus, Stuttgart.

4 Erschienen im Verlag Urachhaus, Stuttgart.

5 Siehe dazu das entsprechende Kapitel in: R. Frieling, »Christologische Aufsätze«, Bd. III, Verlag Urachhaus, Stuttgart.

6 Eine empfehlenswerte Anregung für Erwachsene bietet das Buch von H. Krause-Zimmer »Erdenkind und Weltenlicht« an, Verlag Freies Geistesleben, Stuttgart.

7 Besonders sei hingewiesen auf das Werkbuch für die Weihnachtszeit: F. Jaffke, »Advent«, Verlag Freies Geistesleben, Stuttgart.

8 R. Frieling, »Das heilige Spiel« (vergriffen).

9 Aus: R. Steiner, »Der Weihnachtsbaum – ein Symbolum«, Vortrag vom 21. 12. 1909. Dornach 1988.

10 Siehe dazu den Aufsatz aus: R. Frieling, »Christologische Aufsätze. Das große Heute«. Verlag Urachhaus, Stuttgart.

11 Siehe dazu: R. Meyer, »Nordische Apokalypse«, Verlag Urachhaus Stuttgart.

12 Näheres findet man in: C. Schneider, »Der Weihnachtsbaum und seine Heimat, das Elsaß«, Philosophisch-Anthroposophischer Verlag Dornach.

13 Zitiert aus: R. Steiner, »Zeichen und Symbole des Weihnachtsfestes«, Vortrag vom 17. 12. 1906. Dornach 1991.

14 Wer die von R. Steiner angeregten Weihnachtszeichen anbringen möchte, sollte dies nicht ohne Kenntnis der entsprechenden Literatur tun, z. B. Vortrag »Zeichen und Symbole des Weihnachtsfestes«, a. a. O. Anm. 13.

15 Zitiert aus: Wilhelm Hoerner, »Zeit und Rhythmus«, Verlag Urachhaus, Stuttgart.

16 Vergleiche hierzu den Aufsatz von Elke Blattmann in der Zeitschrift »Die Christengemeinschaft«, Dezember 1974, S. 385 ff.

17 Viele Anregungen zum Verständnis der Märchen findet man in: R. Geiger, »Märchenkunde«; F. Lenz, »Bildsprache der Märchen« und R. Meyer, »Die Weisheit der deutschen Volksmärchen«. Alle Verlag Urachhaus, Stuttgart.

18 Siehe dazu den Aufsatz von A. Rohlfs in der Zeitschrift »Die Drei«, April 1977, und C. A. Wertheim Aymès, »Die Bildersprache des Hieronymus Bosch«, Verlag Van Goor Zonen, Den Haag.

19 Siehe auch: M. Aschenbrenner, »Tierkreis und Menschenwesen«, Philosophisch-Anthroposophischer Verlag, Dornach 1972, S. 84.

20 Näheres über die 40 Tage findet man in: F. Benesch, »Das Ereignis der Himmelfahrt Christi. Die vierzig Tage«, Verlag Urachhaus, Stuttgart.

21 Siehe dazu auch: F. Benesch, »Das Ereignis der Himmelfahrt Christi«, Verlag Urachhaus, Stuttgart.

22 Aus: R. Steiner, »Vier Mysteriendramen. Die Pforte der Einweihung«. Rudolf-Steiner-Verlag, Dornach.

23 Zitiert aus: H. W. Schroeder, »Mensch und Engel. Die Wirklichkeit der Hierarchien«, Verlag Urachhaus, Stuttgart.

24 Die Legenda aurea des Jacobus de Voragine, Verlag Lambert Schneider, Heidelberg.

Literaturverzeichnis

Angelius Silesius: »Der cherubinische Wandersmann«, Zürich 1946

Bemmelen, Daniel van: »Zarathustra«, Stuttgart 1975

Benesch, Friedrich: »Das Ereignis der Himmelfahrt Christi – Die vierzig Tage«, 4. Stuttgart 1987

– »Ostern«, 3. Stuttgart 1989

– »Pfingsten heute«, 4. Stuttgart 1992

Bock, Emil: »Der Kreis der Jahresfeste«, 5. Stuttgart 1992

– »Die drei Jahre«, 8. Stuttgart 1992

– »Michaelisches Zeitalter«, 2. Stuttgart 1995

Bonnet, Hans: »Reallexikon der ägypt. Religionsgeschichte«, Göttingen 1971

Carius, Inge: »Gebildbrot«, Königstein 1982

Cloos, Walther: »Vom Lichtgeheimnis der Wintererde«, Weleda Nachrichten, Heft 76, 1964

– »Von der Alchymie der Jahreszeiten«, Weleda Nachrichten, Heft 45, 1956

Frieling, Rudolf: »Christologische Aufsätze«, Bd. III, Stuttgart 1982

– »Das heilige Spiel«, Verlag der Christengemeinschaft 1925

Goethe, Johann Wolfgang von: »Faust«, II. Teil

Günther, Gisela (Hrsg.): »Fröhliche Ostern«, Bergisch-Gladbach 1982

Heimeran, Marta: »Von der Religion des kleinen Kindes«, 6. Stuttgart 1995

Hemleben, Johannes: »Symbole der Schöpfung«, Stuttgart 1931

Hoerner, Wilhelm: »Zeit und Rhythmus«, 3. Stuttgart 1993

Hessenbruch, H.: »Advent und Weihnachten«, Unterlengenhardt 1972

Jaffke, Freya: »Advent«, 6. Stuttgart 1992

Jockel, R. (Hrsg.): Götter und Dämonen, Darmstadt und Genf 1953

Kerenyi, K.: »Die Mythologie der Griechen«, Bd. I, dtv 1968

Kolb, Karl:»Der Weihnachtsbogen«, Würzburg 1979
Krause-Zimmer, Hella:»Der Hase als Sinnbild«, Mitteilungen aus
    der Anthroposophischen Arbeit, Johanni 1976 Stuttgart
Küppers, Leonhard:»Michael«, Recklinghausen 1970
Lenz, Friedel:»Mit Kindern Feste feiern«, Schaffhausen
Meyer, Rudolf:»Elias«, Stuttgart 1964
    –»Das Kind«, Stuttgart 1974
    –»Nordische Apokalypse«, Stuttgart 1967
Nordmeyer, Barbara:»Erde – Stern des Christus«, Stuttgart 1965
Paul, Hermann:»Deutsches Wörterbuch«, Max Niemeyer Verlag,
    Tübingen
Recht, Dieter:»Ostern«, München 1964
Riemerschmidt:»Weihnachten«, Hamburg 1962
Schneider, Camille:»Der Weihnachtsbaum und seine Heimat, das
    Elsaß«, Dornach 1965
Schneider, Joh.:»Michael und seine Verehrung im Abendland«, Dor-
    nach 1981
Schönfeldt, Sybil Gräfin:»Das große Ravensburger Buch der Feste u.
    Gebräuche«. Ravensburg 1980
Schroeder, Hans-Werner:»Mensch und Engel«, 4. Stuttgart 1993
Stein v. Baditz, Nora:»Aus Michaels Wirken«, Stuttgart 1959
Steinen, Wolfram von den:»Homo caelestis«, Bd. I, Bern u. München
    1965
Steiner, Rudolf: Aus dem Gesamtwerk insbesondere die Vorträge zu
    den Festeszeiten und die christologischen Vorträge
Ströse, Susanne:»Österliche Festgestaltung«, Don Bosco Verlag
Voragine, Jacobus de:»Legenda aurea«, Heidelberg 1963
Weihnachtsbuch, Das große: Gütersloher Verlagshaus Gerd Mohn
Weinhold, Gertrud:»Das schöne Osterei in Europa«, Kassel 1965
Wertheim-Aymès: Die Bildersprache des Hieronymus Bosch, Den
    Haag 1961

IRENE JOHANSON
Geschichten zu den Jahresfesten
Für Kinder erzählt
106 Seiten, Leinen

Vom Osten strahlt ein Stern herein
Geschichten zu Advent, Weihnachten, Dreikönig
Herausgegeben von Ineke Verschuren
412 Seiten, 16 Zeichnungen, Pappband

GEORG DREISSIG
Das Licht in der Laterne
Ein Adventskalender in Geschichten
80 Seiten, Pappband

GUNHILD SEHLIN
Marias kleiner Esel
und die Flucht nach Ägypten
200 Seiten, Pappband

MARTA HEIMERAN
Von der Religion des kleinen Kindes
160 Seiten, kartoniert

HEIDI BRITZ-CRECELIUS
Kinderspiel – lebensentscheidend
232 Seiten, kartoniert

VERLAG URACHHAUS STUTTGART

Alles über Gesundheit, Krankheit und Entwicklung des Kindes

Kindersprechstunde

Ein medizinisch-pädagogischer Ratgeber
Erkrankungen – Bedingungen gesunder Entwicklung
Erziehung als Therapie

Von WOLFGANG GOEBEL und
MICHAELA GLÖCKLER

604 Seiten, 32 z.T. farbige Abbildungen,
Zahn- und Gesundheitspaß als Beilage, fester Einband

»Dieses Buch gehört in die Hand jeder jungen Familie. Man darf es ein Standardwerk nennen. Es bringt nicht nur eine Einführung, sondern eine gründliche Beratung nahezu aller Themenkreise, die bei der Aufziehung und Erziehung von Kindern zur Frage werden können. So ist ein Volksbuch der Kinderpflege entstanden. Dieses Buch gehört auch in die Hand jedes in pädagogischen Berufen Stehenden!«

Erziehungskunst

Ein Standardwerk für alle Erziehungsfragen im Vorschulalter:

Die ersten Lebensjahre

Ein pädagogischer Ratgeber im Umgang mit kleinen Kindern

Von ELISABETH PLATTNER
Vorwort von Wolfgang Goebel

420 Seiten, Pappband

Wie erreicht man – und soll man erreichen? –, daß Kinder ihre Sachen aufräumen, daß sie ordentlich essen, rechtzeitig ins Bett gehen? Wie schlichtet man Streit unter kleinen Kindern, wann sind Tränen wehleidig oder bitter oder gar wertvoll? Ständig sind Eltern vor solche Fragen gestellt, denen sie oft voller Unsicherheit begegnen. Dafür kann das vorliegende Buch ein wertvoller Ratgeber sein. Es enthält eine Fülle von lehrreichen Beispielen, die alle Themen umfassen, die in der Erziehung kleiner Kinder auftauchen, und kann damit in den täglichen Fragestellungen Hilfen und Anregungen geben.

VERLAG URACHHAUS STUTTGART